Harry Albrecht

Bausteine
einer neuen
Gemeindekultur

Wie Kirche vor Ort mehr
Ausstrahlung gewinnt

Inhalt

Ein Wort vorweg: Welche Rolle spielt Gemeindekultur?

Gemeinde ist Begegnung von Menschen, die im Glauben verbunden sind. Damit Begegnung gelingt, muss es in der Gemeinde eine geeignete Kultur geben. Mit »Kultur« meine ich die Art und Weise, wie die Gemeinde lebt, im weiteren Sinn: das Leben der Gemeinde aus dem Glauben heraus.[1] Sie ist kein Teilbereich, sondern durchdringt alle Bereiche des Gemeindelebens, vom menschlichen Miteinander bis hin zur Gestaltung der Gebäude.

In der Kultur, die in einer Gemeinde gelebt wird, spiegeln sich die Werte, die in der Gemeinde von Bedeutung sind. Die in einer Gemeinde gelebte Kultur ist auch ausschlaggebend dafür, ob die christliche Gemeinde nach außen hin glaubwürdig und anziehend erscheint. Nicht zuletzt wird die praktizierte Kultur eine entscheidende Rolle dabei spielen, ob die Gemeinde auf Dauer Bestand haben wird.

Gemeindekultur ist kein abgeschlossener Status, sondern ein gelebter Prozess. Ihr Gestaltungsprinzip ist der Glaube, der im konstruktiven Dialog mit der modernen Welt steht. Sie ist eine stete Aufgabe, wird eingeübt und weiterentwickelt, und zwar in allen Lebensäußerungen der Gemeinde, in allen Formen der Begegnung, angefangen von den Kleinsten bis hin zu den Ältesten ihrer Mitglieder. Denn sie sind die Träger der Gemeindekultur.

Bei der christlichen Gemeindekultur geht es um Qualität, nicht Quantität. Nicht die Anzahl von Gemeindeveranstaltungen ist entscheidend, sondern deren menschliche »Güte«, z.B. ihre diakonisch-caritative Zielsetzung. Nicht die Menge der Besuche, die die Gemeinde bei ihren Mitgliedern ausrichtet, sondern die sich darin ausdrückende Wertschätzung, also der qualitative Aspekt der Begegnung zählt. Nicht die Zahl der Gespräche, die man führt, ist ausschlaggebend, sondern ihre kommunikative, z.B. empathische Qualität.

Qualität in der Gemeindekultur zeichnet sich durch Verwurzelung, Entwicklungsoffenheit und Glaubwürdigkeit aus, spiegelt sich aber auch im Sinn für das ästhetisch Angemessene. In jedem einzelnen Teilbereich des Gemeindelebens lässt sich die Qualität der Kultur messen. Sie schlägt sich in Kommunikation und Gemeinschaftsformen nieder, in der Einstellung zum Leben und nicht zuletzt im Zustand von Räumen und Häusern der Begegnung.

Ich bin davon überzeugt, dass eine wertschätzende Gemeindekultur die Gemeinde attraktiver macht, für die Gemeindemitglieder selbst und für (noch) Außenstehende. Die viel diskutierten Strukturreformen werden die Kirche nicht retten, wenn die Gemeindekultur nicht stimmt. Zeichnet sich Gemeinde durch eine gute Gemeindekultur aus, wird sie damit wie »die Stadt, die auf einem Berg liegt«, leuchten (vgl. Matthäus 5,14), das heißt, sie gewinnt damit ihre Ausstrahlung. Dazu muss die Gemeinde freiheitsliebend sein. Sie beansprucht für sich Freiheit von Fremdbestimmung und fördert im Innern die Mündigkeit ihrer Mitglieder und respektiert deren Gewissensfreiheit. Dieser Gemeindekultur liegt das Bild von einem menschenfreundlichen Gott zugrunde, der Menschen dazu befähigt, in Verantwortung füreinander da zu sein. Auf der Grundlage einer guten Gemeindekultur lässt sich wiederum ein attraktives Gemeindeprofil entwickeln. Dabei gehe ich von der räumlich umgrenzten Gemeinde vor Ort aus, die regional durchlässig ist und mit übergemeindlichen Diensten zusammenarbeitet.[2]

Die »Biblischen Reminiszenzen« sind als Denkanstöße und Prüfsteine zu verstehen: Was ist unser Auftrag und wie können wir ihn richtig erfüllen? *Harry Albrecht*

1 Miteinander umgehen – Hier schlägt das Herz!

1.1 Von Mensch zu Mensch: Wertschätzung

Biblische Reminiszenz:
»Seid auf Gutes bedacht gegenüber jedermann.
Ist's möglich, soviel an euch liegt, so habt mit
allen Menschen Frieden.«
Brief des Paulus an die Christen in Rom 12,17-18[3]

Soll Gemeinde als gelingende Begegnung von Menschen funktionieren, ist es unverzichtbar, dass Menschen wertschätzend miteinander umgehen. Wertschätzung ist die grundlegende Sozialkompetenz, auf der viele andere Regeln des Miteinanders aufbauen. Sie kann sich nur in Freiheit entfalten, wenn sie authentisch sein will.

Es gehört zur Kultur glaubwürdiger christlicher Gemeinschaft, nicht nur den Mitgliedern und Mitarbeitenden der eigenen Gemeinde, sondern auch Partnern, Gästen, Neuankömmlingen, Durchreisenden und Fremden, selbstverständlich auch Kritikern mit menschlicher Achtung zu begegnen. Denn das ist mit Wertschätzung gemeint: **Ich gestehe meinem Gegenüber den gleichen Wert wie mir zu.**

Wertschätzung ist die sich in allen Lebensbereichen der Gemeinde äußernde Grundhaltung der Christen.

Wertschätzung äußert sich bereits darin, dass ich Menschen überhaupt wahrnehme. Gleichgültigkeit und Ignoranz passen daher nicht zur Kultur der Gemeinde. Wertschätzung äußert sich in Zuwendung, Interesse, Empathie und Rücksichtnahme. Sie kann geübt und erlernt werden. Man kann sie eine Herzensangelegenheit nennen, aber sie ist mehr als nur eine Emotion. Sie ist eine Verhaltensweise, die sogar gegenüber Menschen zur Geltung kommt, die mir wenig liegen. Die Wertschätzung, die ich Menschen gegenüber zum Ausdruck bringe, spiegelt sich auch in meinem äußeren Erscheinungsbild, in Sprache und Stil.

Daraus folgt im Umkehrschluss, dass die Methoden des Zynismus und der Häme, der Entwürdigung und der persönlichen Anprangerung, die in der Gesellschaft verbreitete Mittel sind, um Aufmerksamkeit zu erregen und Ausgrenzung zu erzeugen, *nicht* zur Kultur der Gemeinde gehören.

Wertschätzung führt dazu, dass Menschen sich angenommen fühlen. Eine solche Gemeinde macht auf sich aufmerksam, ohne einem Effektivitätsdenken verfallen oder auf missionarische Erfolgsmodelle schielen zu müssen. Die von Wertschätzung geprägte Gemeindekultur *hat* bereits Strahlkraft nach außen und ist letztlich sogar attraktiver, anziehender als ausgeklügelte Missionsstrategien, die Wertschätzung letztlich vermissen lassen, wenn sie

Erfolg in Zahlen messen. Das bedeutet nicht, dass eine Gemeinde sich nicht strategisch klug überlegen sollte, wie sie auf andere zugeht und sie einlädt. Die Gemeinde ruht nicht in sich, ist nicht selbstzufrieden. Sie trägt durch ihre vielfältige Vernetzung ihre Kultur und ihre Botschaft nach draußen und macht auch so auf sich aufmerksam. Aber sie wird zwangsläufig scheitern, wenn die Zielgruppe ihrer Einladung sich nicht für voll genommen, nicht wertgeschätzt fühlt.

1.1.1 Wie »geht« Wertschätzung?

»Heute kennt man von allem den Preis, aber von nichts den Wert.« Dieses Bonmot, das sich so ähnlich schon bei Oscar Wilde findet,[4] sollte in der christlichen Gemeinde nicht gelten. Schauen wir uns daher an, wie Wertschätzung konkret »geht«. Man kann sie anhand von Adjektiven und Verben, die unsere Eigenschaften und unser Handeln beschreiben, näher bestimmen. Wer Wertschätzung übt, ist: aufmerksam, zuvorkommend, entgegenkommend, wohlwollend, freundlich, höflich, das Gute wollend. Sein Handeln wird bestimmt von folgenden Verhaltensweisen: zuhören, sich Zeit nehmen, gelten lassen, ernst nehmen, helfen, auch würdigen, anerkennen, loben, entlohnen.

Wertschätzung als Haltung fliegt einem nicht zu. Sie setzt einiges voraus, dem man sich bewusst annähern kann: Erfahrung, Bildung, ein weiter Horizont, Weitsicht, Aufgeklärtheit, Selbsthinterfragung, also: keine Engstirnigkeit, kein unreflektierter Missionseifer, kein (Gemeinde-)Egoismus, keine Überheblichkeit.

Folgende weitergehende Fähigkeiten spiegeln sich in Wertschätzung:

- Selbst im Geringen dessen Wert erkennen, d. h. in einfachen und schlichten Leistungen, in kleinen Beiträgen den Wert sehen. Darin spiegelt sich die christliche Einsicht, dass auch das geringste Werk, das in guter Absicht oder aus »gläubigem Herzen« erfolgt, Gott gefällt, »wenn es auch so gering wäre als einen Strohhalm aufheben«. (Martin Luther)[5]
- Den Wert auch des Geringen hörbar und sichtbar würdigen.
- Empathisch die Befindlichkeit und das Anliegen des anderen zu erspüren suchen und angemessen darauf reagieren.
- Das Gute fördern und das Gutgemeinte entwickeln.
- Sich an jemanden erinnern und ihn als Person nicht vergessen. »Ich erinnere mich an Sie!« Das ist eine nicht zu unterschätzende Würdigung. Wenn Wertschätzung nicht nur ein Wort ist, dann vergesse ich den Namen meines Gegenübers nicht schon innerhalb kurzer Zeit. Menschen haben ein Gespür dafür, wenn das Interesse nur vorgegaukelt ist. In der Erinnerung des Namens spiegelt sich die Tatsache, dass mir der andere etwas bedeutet, denn der Name ist etwas sehr Persönliches.

Wertschätzung bedeutet auch: Allen Mitgliedern und Mitarbeitenden der Gemeinde, den Vorgesetzten, den wohlwollend Begleitenden und Förderern, den Vertrauten und Fremden, ja, ihnen einfach als Menschen auf Augenhöhe einen Vertrauensvorschuss schenken. Nimmt man Menschen wahr, schätzt man sie und überrascht man sie mit einer Aufmerksamkeit, mit der sie nicht gerechnet hatten, wird dies tiefreichende Folgen haben. Sie fühlen sich wie in einem guten Zuhause, schätzen die Nähe und sind froh, dazuzugehören.

Wertschätzung gilt nicht nur nach »innen«, also innerhalb der Gemeinde. Auch Kooperationspartner und Fremde, die Leistungen für die Gemeinde erbringen, möchten Wertschätzung erfahren. Es macht einen schlechten Eindruck, wenn die Feuerwehr, die bei der Überschwemmung den Keller des Gemeindehauses leergepumpt hat, kein Dankeswort erhält; oder wenn der Handwerksbetrieb, der für die Gemeinde gearbeitet, oder der Caterer, der den Kindergarten mit Essen beliefert hat, sein Geld nicht rechtzeitig bekommt. Wertschätzung zeigt sich auch in Zuverlässigkeit. Außenstehende sollten die Erfahrung machen können, dass sie in der Gemeinde ein zuverlässiges Gegenüber haben, das sich durch Fairness, Offenheit und selbst so scheinbar banale Dinge wie gute Zahlungsmoral auszeichnet.

1.1.2 Wertschätzung und Kritik

Wertschätzen heißt nicht: am anderen alles gut finden! Die in christlichen Kreisen beliebte Formel »Gott nimmt mich so an, wie ich bin« darf nicht heißen, dass ich es nicht nötig habe, an mir zu arbeiten und mich zu entwickeln. Denn aus der Erfahrung, dass Gott mich wertschätzt, noch bevor ich etwas getan habe, folgt ja gerade das dankbare Leben, das darauf abzielt, ein Gott wohlgefälliger Mensch zu sein. Sich individuell als Mensch und gemeinschaftlich als Gemeinde (weiter) zu entwickeln, ist also Teil christlichen Selbstverständnisses. Es darf daher konstruktive Kritik geäußert werden! Und zwar in alle Richtungen. Denn: Niemand braucht vor Kritik Angst zu haben, wenn der Grundtenor die Wertschätzung des anderen bleibt. **Wertschätzung ermöglicht Konfliktfähigkeit!**

Setzt man an die Stelle von »Kritik« das Wort »Feedback«, dann zeigt sich, dass es sich keineswegs um etwas Schlechtes, Destruktives handelt. Im Gegenteil: Ein konstruktives Feedback bringt jeden weiter. Feedback geht in drei Richtungen: a) Ich gebe anderen ein Feedback, b) andere geben mir ein Feedback, c) ich gebe mir selbst oder wir geben uns ein Feedback (Selbstkritik). Feedbacktechniken kann man lernen.[6] Sie erleichtern eine wertschätzende Rückmeldung. Dabei ist es hilfreich zu beachten, dass jeder Mensch anders ist. Der eine reagiert schnell beleidigt, der andere ist gelassener, der Dritte ist offen und lernbegierig, der Nächste stets von sich selbst überzeugt. Allen angemessen zu begegnen, erfordert neben praktischen Fertigkeiten auch Erfahrung. Wenn aber der andere merkt, dass gute, qualifizierte Rückmeldungen nicht nur ihn selbst, sondern auch die Gemeinde weiterbringen, dann wird die wertschätzende Feedbackkultur ein wertvoller Baustein in der Gemeindearbeit sein.

Zu einer guten Feedbackkultur gehört es, mögliche Konfliktthemen frühzeitig offen anzusprechen, damit der unterschwellige Groll die Zusammenarbeit nicht stört und irgendwann umso heftiger zum Ausbruch kommt. Eine unserer Kirchenmusikerinnen, die Orgel spielte, hegte lange Zeit stillschweigend Groll, weil wir sie vor allem für Gottesdienste am Samstagabend einteilten. Wir dachten, wir täten ihr mit dieser festen, planbaren Struktur etwas Gutes. Tatsächlich aber kam es bei ihr so an, dass sich ihre Kollegin, die vor allem sonntags spielte, »die Rosinen herauspickte«. Nachdem wir dazu übergegangen waren, den Dienstplan gemeinsam mit allen Beteiligten im direkten Gespräch zu erstellen, konnten wir den Konflikt entschärfen.

Damit Feedbackkultur funktioniert, müssen alle lernbereit und auch fähig zur Selbstkritik sein. Kritik darf nie ätzend, vorwurfsvoll oder auflistend (»Sündenkatalog«) sein. Es ist ratsam, sie begründend und lösungsorientiert vorzutragen und stets die Betroffenen auf den Weg zu einer besseren Lösung mitzunehmen. In der Regel ist sie mit dem Hervorheben des Positiven gekoppelt, damit klar ist: Hier geht es nicht um Herumstänkern. Und: Trifft man im Blick auf ein einmal erkanntes Problem eine Vereinbarung für die Zukunft, dann ist es schon fast aus der Welt.

Im Blick auf manche Personengruppen bedarf es eines gewissen Einfühlungsvermögens, denn durch zu harsche Kritik kann ich sie leicht verletzen. Werden wir konkret: Es ist keine Geringschätzung des Alters, wenn ich auch ältere und altgediente Mitarbeitende und ihre Vorstellungen hinterfrage. In vielen Gremien dominiert die ältere Generation. Das kann z.b. bereits schwierig sein, wenn ich so etwas Gewöhnliches wie ein Renovierungsprojekt plane. Hier vornehmlich auf das Urteil der Älteren zu bauen, könnte zu einem unzeitgemäßen Ergebnis führen. Raumgestaltung und Wohnkultur sind dem Wandel unterworfen, das gilt für Arbeits- wie für Wohnräume, Andachtsräume, Tagungsräume und Kindergärten, z.b. auch für ein Pfarrhaus, in dem eine Familie von heute leben soll. Bestimmte Tapeten, Deckenverkleidungen und Fliesen sind nun einmal von gestern, und die dunklen Schatten auf der alten Raufaser einfach zu übertünchen, ist vielleicht ein Zeichen von Sparsamkeit in schlechten Zeiten – was auch eine Tugend sein kann –, aber nicht von Feinfühligkeit. Hier darf man ruhig deutlich werden. Meiner Erfahrung nach hilft es, eine externe Fachkraft auf das Projekt schauen zu lassen oder einen übergemeindlichen Arbeitsstab zu bilden. Denn Anregungen von außen helfen, die Diskussion anzuregen, ausgetretene Pfade zu erneuern und die Gemeinde in frischer Lebendigkeit erstrahlen zu lassen. Damit tritt man das Überlieferte nicht mit Füßen, das zu seiner Zeit gute Dienste geleistet hat. Sondern man bahnt der Gemeinde attraktive Wege. Ältere Menschen sollten, genau wie die Jungen, Kritik aushalten können und in der Lage sein, ihre Vorstellungen zu hinterfragen. Wer das verstanden hat, der wird umso lieber mitarbeiten und gerade dadurch im Geiste jung bleiben, dass er immer wieder Neues entdeckt.

Dann das Thema neue Techniken: Neue digitale Techniken führen oft zu Verunsicherung, denn sie sind vielen noch unbekannt. Als ich – pandemiebedingt – zur ersten Videokonferenz des Presbyteriums einlud, hatte ich den Widerstand einiger Mitglieder, die mit dieser Technik noch nicht vertraut waren, unterschätzt. Neue Techniken sind aber im digitalen Zeitalter kaum verzichtbar. Als die mechanische Schreibmaschine erfunden wurde, gab es auch Gegner, die befürchteten, dass die Menschheit das Schreiben mit der Hand verlerne. Auch wenig technikaffine Mitarbeitende können lernen, dass ihre Sicht der Dinge nur eine von mehreren und möglicherweise überholt ist. Es empfiehlt sich, sie mit Geduld mit auf den Weg nehmen. Dabei ist es wichtig, sie von den Vorteilen der neuen Technik zu überzeugen, ohne dass die berechtigten Bedenken ausgeblendet werden. Nach ausführlicher Diskussion war die Videokonferenz irgendwann dann eine weitgehend akzeptierte Option, wenn die Umstände für sie sprechen.

Kritik- oder Feedbackgespräche sind also Chancen und können Gestaltungskraft entfalten. Sie dienen demnach nicht einfach der Aufarbeitung von Fehlern, schon gar nicht der Beschuldigung, sondern eröffnen die Perspektive, Ideen kraftvoll weiterzuentwickeln, und sind gerade dann hilfreich, wenn Neues ausprobiert wird, was vielleicht Verunsicherungen auslöst.

1.2 Sprach- und Gesprächskultur

Biblische Reminiszenz:
»Lasst kein faules Geschwätz aus eurem Mund
gehen, sondern redet, was gut ist, was erbaut
und was notwendig ist, damit es Gnade bringe
denen, die es hören.«
Brief an die Christen in Ephesus 4,29

Keine Gemeinde kann ohne Gespräche und Dialoge auskommen. Man redet miteinander. Mit Sprache richtig umzugehen, erleichtert das Leben in der Gemeinde. Denn darin spiegelt sich meine Dialogfähigkeit. Wörter und Worte haben Folgen, erwünschte und unerwünschte. Welche Folgen das sind, hängt ganz davon ab, welche Worte und Wörter ich wähle und auf welche Weise, auch mit nonverbalen Begleitgesten, ich sie an mein Gegenüber sende.

1.2.1 Die passenden Worte zur richtigen Zeit

Der Glaube darf durchaus eine eigene Sprache haben.[7] Da er es mit einer Wirklichkeit zu tun hat, die in ihrem Kern nicht auf einer wissenschaftlichen Ebene liegt, greift die Sprache des Glaubens schon immer auf Bilder, Symbole und Gleichnisse im weiteren Sinne (Metaphern, Parabeln, Beispielerzählungen) oder auch auf Mythen (Mythos verstanden als religiöse Urerzählung, nicht als »Märchen«) zurück.

Gute Sprache braucht Zeit. Man sollte sie sich nehmen, wenn man Sachverhalte erklären möchte. Ein Gespräch über christliche Inhalte, für heutige Menschen verständlich vermittelt, darf nicht zu plump sein. Die Kunst besteht darin, Inhalte des Glaubens für Menschen von heute so mitzuteilen, dass sie in ihrem Leben »ankommen«. Diese Kunst kann man, wie jede Kunst, üben. Man erzähle zur Übung einmal christliche Glaubensinhalte in der Sprache von heute nach und erkläre einem realen oder fiktiven Gesprächspartner ihren Sinn oder beantworte mögliche Verständnisfragen, am besten in einem Frage-Antwort-Spiel, ohne dabei »Fremdwörter« wie »Gnade«, »Himmel« oder »Auferstehung« zu benutzen.

Sprache unterliegt einem Wandel und ebenso die sprachlichen Umgangsformen. Wörter, die früher tabu waren, sind heute in die Alltagssprache eingeflossen und akzeptiert. Andere Wörter sind angestaubt und dürfen ersetzt werden. Man darf sich gut überlegen, in welchem Kontext man traditionelle kirchliche Begriffe wie »Sünde«, »Nachfolge Jesu« oder »Erlösung« verwendet bzw. sinnvoll verwenden kann. Geprägte Sprache des Glaubens hat durchaus ihren Wert, ist oftmals poetisch und für Menschen, die in dieser Sprache zu Hause sind, reichhaltig. Man denke z.B. an Psalm 23 (»Der Herr ist mein Hirte«) oder an die zahlreichen aus der Bibel stammenden Redewendungen. Andererseits sollte Sprache erschließend sein. Begriffe, die für heutige Menschen unverständlich oder mehrdeutig sind, verschließen eher den Zugang zur Botschaft der Gemeinde. Nicht viel weiter führt es, wenn man auf Trendbegriffe wie »spirituell«, »seelsorglich« oder »Ganzheitlichkeit« ausweicht, denn sie sind für Außenstehende genauso »spanische Dörfer«. Wenig leisten auch journalistische Kurzbegriffe wie »EKD-Chef«, »Fusionitis« oder »Abendmahl to go«, denn sie erfassen nicht wirklich die Tiefe dessen, was im

Hintergrund steht, können und möchten den komplexen Zusammenhang oft gar nicht erhellen und haben mitunter eine abschätzige Stoßrichtung. Sich Zeit nehmen, sich die Mühe machen, sachlich zu umschreiben und zu erklären, was man meint, entspricht wertschätzender Sprachkultur. Es kann Freude bereiten, an Sprache zu feilen und zu erleben, dass mein Gegenüber versteht, was gemeint ist.

Bestimmte Gruppierungen bedienen sich bei ihren Missionsversuchen oft eher plumper Gesprächsansätze: »Wer ist für Sie Jesus?« – »Wenn du über Gott reden möchtest, bin ich immer für dich da.« – »Haben Sie schon einmal darüber nachgedacht, was nach dem Tod mit Ihnen passiert?« Sie versuchen damit, Menschen in ein »geistliches Gespräch« zu verwickeln.[8] Aber solche überfallartigen Annäherungsversuche dürften in der Regel dazu führen, dass der Angesprochene in Zukunft einen großen Bogen um mich macht. Wenn ich mich hingegen nicht als allwissend präsentiere und den anderen nicht als defizitär voraussetze, vielmehr bereit bin, mich selbst zu hinterfragen, habe ich mehr Chancen, in Fragen des Glaubens ernst genommen zu werden. Zur Wertschätzung gehört, dass mein Gegenüber die Fragen und die Themen bestimmen darf, weniger ich. Denn ich brauche ihm keine Fragen zu beantworten, die er gar nicht gestellt hat, oder Probleme einzureden, die er nicht hat. Besser ist es, von sich selbst zu erzählen, was einem wichtig ist, wo man am Sonntag hingeht, welche Überzeugungen man vertritt, ohne den anderen zu bedrängen. Dafür den richtigen Zeitpunkt zu erspüren, ist genauso wichtig wie der Inhalt meiner Worte.

Natürlich ist nicht jedes Gespräch in der Gemeinde ein Glaubensgespräch. Die Mehrzahl der Gespräche geht um ganz alltägliche Dinge. Rollenspiele unter Anleitung und mit Feedback-Auswertung können helfen, die Fähigkeit, die geeigneten

Worte zu finden, zu entwickeln. Es können Dienstgespräche, Konfliktgespräche, sogar Trostgespräche nachgestellt werden; ebenso Gespräche mit Eltern, Kindern oder Bewerber*innen. Das Finden der richtigen Worte hängt von meinem Gegenüber und der Situation ab. Sich auf die Sprachwelt des anderen einzulassen, damit er versteht, was gemeint ist, und seine Aufnahmebereitschaft zu erspüren, ist Voraussetzung für ein erfolgreiches Gespräch. Es kann auch mal sinnvoll sein zu schweigen, z.B. um Betroffenheit zu signalisieren. Schweigen hingegen als Bestrafung oder als Retourkutsche einzusetzen, kann Kommunikation dauerhaft belasten.

Einige Grundregeln gelten im sprachlichen Austausch immer: Höflichkeit ist nie veraltet! Sie spiegelt sich besonders in der Sprache. Auf eine Äußerung des Gesprächspartners mit Ausdrücken wie »Quatsch« oder »Blödsinn« zu reagieren, wird heute zwar oft toleriert, ist aber nicht gerade ein Zeichen von Dialogfähigkeit, geschweige denn von Wertschätzung meines Gegenübers. Kraftausdrücke und Flüche sind ein Zeichen dafür, dass man sich nicht im Griff hat.

Heißt das nun, dass Emotionen nicht gezeigt werden dürfen? Dass man mit seinen wahren Gefühlen hinter dem Berg halten muss? Oder gar, dass ich nicht authentisch bin? Nein, nichts von alledem, sondern es heißt, mit seinen Gefühlen gut und verantwortungsvoll umgehen zu können. Ein Beispiel aus einem anderen Bereich hilft vielleicht zum Verständnis: Wenn mich beim Autofahren ein anderer Verkehrsteilnehmer zum Zorn reizt, weil er sich verkehrswidrig und provokant verhält, dann wäre es völlig verkehrt, meine wahren Gefühle zu zeigen oder sie sogar in meinen Fahrstil umzusetzen. Das wäre ein kontraproduktives, schädliches und unprofessionelles Verhalten. Es könnte zur Katastrophe führen! Es hat also nichts damit zu tun, dass ich keine Gefühle zeigen wollte, wenn ich darauf bedacht bin, an der richtigen Stelle mit meinen Gefühlen kontrolliert umzugehen. In der Folge aber werde ich mit klugem Verstand die richtigen Konsequenzen aus dem Erlebten ziehen.

Man darf sich in der Organisation der Gemeindearbeit durchaus der Begrifflichkeit aus der Wissenschaft, z.b. der Soziologie, Technik und Wirtschaft bedienen, wenn es um kirchliche Fragen geht. So ist es durchaus legitim, von »Qualität« hinsichtlich der Gemeindearbeit zu sprechen. Auch die Begriffe von »Angebot« und »Nachfrage«, von »Leitbild« und »Management« können helfen, Gemeindearbeit zu optimieren. Das muss keine unsachgemäße Überstülpung sein, vielmehr kann es sogar helfen, das Spezifische der christlichen Gemeinde zu profilieren. Es sollte nur darauf geachtet werden, dass wir damit nicht gleichzeitig eine Denkweise und Ethik übernehmen, die sich dem christlichen Glauben sperrt. Wenn z.b. in Modellen der Wirtschaft von »Kunden« oder von »Produkten« die Rede ist, dann dürfen wir beim Transfer in die Gemeindesprache den Unterschied zwischen den Zielen der Wirtschaft und dem Auftrag der Gemeinde nicht vergessen. Quantifizierendes Denken stößt in seiner Aussagekraft da an Grenzen, wo es um zwischenmenschliche Qualität und ein Anrühren der Herzen gehen soll.[9]

Eine gute Sprach- und Gesprächskultur in der Gemeinde ist davon bestimmt, dass die wertschätzende Aufmerksamkeit ganz dem Gesprächspartner gilt. Ihn respektieren und gelten lassen sind Grundregeln. Ihn mit rhetorischen Tricks, die man in einschlägigen Handbüchern lernen kann, an die Wand zu stellen oder zu überrumpeln, ist tabu.

Da Medienkritik, Medienkompetenz und Medienerziehung in unserer medial geprägten Gesellschaft leider immer noch viel zu klein geschrieben bzw. auf den technischen Aspekt verkürzt werden, ist es für eine Gemeinde wichtig, kritisch mit der uns alle

dominierenden Sprachkultur umzugehen, zumal Sprache auch
das Denken prägt!

1.2.2 Herzlichkeit der Sprache

Herzlichkeit umfasst Authentizität, Verständnis, Einfühlsamkeit,
Behutsamkeit, Anerkennung und Hilfsbereitschaft.

Es gibt in der kunden- und gewinnorientierten Marktwirtschaft eine routinierte und standardisierte Freundlichkeit, die in
Seminaren eingeübt wird. Sie mag an ihrer Stelle ihre Berechti-
gung haben. Sie ist meist leicht durchschaubar und hebt sich allerdings von echter Herzlichkeit ab, mit der sie nichts zu tun hat.

Gemeindemitglieder und Gäste sollten hingegen nicht wie
Kunden, denen ein Produkt verkauft wird, behandelt werden.
**Gemeinde ist tatsächlich eine Herzensangelegen-
heit.** Selbst, wenn ich nicht alle gleich lieben kann, so versuche
ich doch von Herzen, jeden zu verstehen. Das wird sich auch in
meiner Sprache spiegeln, denn ich möchte ihm nichts verkaufen,
sondern ihn als Mitmensch auf Augenhöhe schätzen lernen.

Auch Bürokräfte im Pfarr- oder Gemeindebüro, die in der
Gemeinde ja oft erste Kontaktpersonen für Menschen sind,
die Fragen haben oder eine Dienstleistung erbitten, sollten ein
Bewusstsein dafür entwickeln, wie sie mit Menschen, die ein
Anliegen haben, umgehen. Ist meine Sprache zuwendend und
kompetent, fühlt sich mein Gegenüber ernst genommen. Dem
Fragenden weiterführende Hilfe anbieten – das signalisiert, dass
er mir wichtig ist. Routine darf nicht in Lässigkeit abrutschen.
Saloppe Abfertigungen zerstören eine Atmosphäre, wo man sich
gerne unterhält, Informationen einholt oder über Vertrauliches
sprechen möchte.

Apropos Augenhöhe! Alle Menschen sind gleich. Ja! Das widerspricht aber nicht dem Gebot der Höflichkeit, Menschen in bestimmten Funktionen, ihrer Leistung und Verantwortung gemäß, eine entsprechende Anerkennung zuzusprechen. Zur Wertschätzung gehört daher auch, dass ich Menschen in ihrer Funktion wahrnehme und würdige. Akademische Grade und Amtsbezeichnungen, z.B. bei Vertretern des öffentlichen Lebens wie dem Bürgermeister, dürfen in der Anrede, sowohl im Schriftverkehr als auch im Gespräch, durchaus beachtet werden. Das hat nichts mit falscher Schmeichelei oder gar Unterwürfigkeit zu tun, sondern ist ein Zeichen zuvorkommender Höflichkeit und von Anerkennung einer erbrachten Leistung. Wenn ich bei meinem Zahnarzt bin, sage ich ja auch nicht: »Was meinen Sie, Herr Meier, zu meinem Loch?« Vielmehr rede ich ihn mit »Herr Doktor (Meier)« an, in diesem Fall als Anerkennung seiner fachlichen Zuständigkeit. Sollte der Angeredete darauf zu verzichten bereit sein, wird er mir ein Signal geben.

1.2.3 Sprache und Feindbilder

Wohl kein Mensch ist vorurteilsfrei. Aber wir können vorurteils*bewusst* leben. **Eine wertschätzende Gemeinde pflegt keine Feindbilder.** Sie lehnt sie ab und tritt ihnen entgegen, denn Feindbilder diffamieren andere Menschen und diskriminieren sie als unwert, was wiederum Konflikte hervorruft. In einer Religion und Sprache, in einem Denken, das eine jahrtausendelange Geschichte hat, haben sich natürlich auch Feindbilder gefestigt oder eingeschlichen, die kritisch aufgearbeitet und abgelegt werden müssen. Es dient daher allen, wenn die Gemeinde ein selbstkritisches Gespür für ihre Sprache entwickelt.

Sprache verrät so einiges, wenn es um in den Köpfen immer noch vorhandene Feindbilder geht. Die gerade in Kreisen, die sich für besonders »christlich« halten, übliche Rede von »Ungläubigen«[10] diskreditiert Außenstehende als defizitäre Mängelwesen, mitunter transportiert sie sogar die Aufforderung zu Abgrenzung und Ausgrenzung, wenn nicht Schlimmeres.

Die Nennung von Rassismus und Abtreibung in einem Atemzug[11] verunglimpft Frauen, die diesen Schritt gegangen sind, pauschal als Unmenschen, ohne individuelle Notlagen zu beachten, und setzt sie völlig unpassend bornierten Ideologen gleich.

Die Aufforderung, nach »Wölfischem« zu suchen[12], entwertet und diffamiert Menschen, selbst, wenn sie sich falsch verhalten haben sollten, unpassend als Raubtiere und erklärt sie zu gefährlichen Feinden.

Alle diese Redeweisen lassen die gleiche Augenhöhe zwischen Menschen vermissen. Sie spiegeln Arroganz und Selbstüberhebung. Inzwischen gibt es einen Lernprozess. Auch die großen Kirchen müssen aufmerksam bleiben, dass sie ihrem Kernauftrag, nämlich das Evangelium von der Liebe und Gnade Gottes zu verkündigen, treu bleiben und ihre Arbeit nicht mit einem anmaßenden Sendungsbewusstsein vermengen.

Es liegt in der Konsequenz der Ethik Jesu, auch dem Andersdenkenden seine Würde nicht abzusprechen. Die oftmals gewalthaltige Rhetorik der Bibel zu zitieren, darf nicht unreflektiert oder unerklärt erfolgen. Wer sie mit dem Argument zu legitimieren versucht, auch Jesus habe bisweilen Schimpfwörter benutzt und habe wütend werden können, der sollte sich zunächst den Unterschied zwischen »Nachahmung« und »Nachfolge« Jesu klar machen. »Nachahmung« ist eine Art »Imitation«, negativ ausgedrückt: Nachäffen; ernsthafte Nachfolge hingegen ist die Umsetzung der *Intention* Jesu im Leben und eben auch in der Sprache.

Davon abgesehen, hat Jesus vor 2000 Jahren eine Sprache, Bilder und Denkweisen gebraucht, die seinen damaligen Hörern einleuchteten und die sie verstehen konnten. Inzwischen sind zwei Jahrtausende vergangen; Sprache, Denken und Interaktion von Menschen haben sich gewandelt. Würde Jesus heute exakt dieselbe Sprache verwenden wie damals?

Für eine menschenfreundliche Gemeinde, die jedem Menschen die ihm von Gott verliehene Würde zuerkennt, definiert sich das »Biblische« an dem, was Jesus Christus im höchsten Gebot zusammenfasst: Gott lieben und den Nächsten lieben! Was diesem Gebot widerspricht, auch in der Sprache, steht gegen die Intention Jesu. Das ist eine einfache Regel. So lassen sich Feindbilder erkennen und ausmerzen.

1.2.4 Vorfahrt für mein Gegenüber

Das persönliche Gegenüber hat immer Vorrang. Dazu gehört zum einen, dass man sich Zeit nimmt. Denn genau genommen gibt es nichts Wichtigeres als den Menschen, der gerade mit mir reden möchte! Ja, es gibt heutzutage auch Zeitdruck. Wie gehe ich damit um? Der Mensch, der mit mir reden möchte, der Fremde, der eine Frage hat, das Gemeindemitglied, das das Gespräch sucht, ist jedenfalls die falsche Adresse, meinen Frust über Zeitmangel zu äußern. Warum nicht das Angebot eines zeitnahen Gesprächstermins machen, wenn ich jetzt gerade einen Terminkonflikt habe, mit der Zusage, dass wir dann auch wirklich Zeit füreinander haben?

Zum anderen ist es recht unglücklich, wenn das persönliche Gespräch unterbrochen wird durch scheinbar Wichtigeres: Es ist nicht gerade ein Zeichen von Aufmerksamkeit und Interesse, wenn ich während des Gesprächs mit einem real anwesenden Menschen zum klingelnden Telefon greife. Mein präsentisches Gegenüber sollte grundsätzlich Vorrang genießen und auf meine Aufmerksamkeit vertrauen dürfen! Das Handy während einer kurzen Redepause auszupacken – oder sogar während mein Gegenüber mich gerade anspricht –, drückt deutlich aus: »Ich habe Wichtigeres zu tun, als mich mit dir zu unterhalten!« Ich kann solche Fehlgriffe vermeiden, wenn ich ein Gespür für gelingende Kommunikation entwickelt habe. Es ist je nach Arbeitsbereich zu empfehlen, solche Dinge ggf. auch über Dienstanweisungen zu regeln, so wie z.b. in Kindertagesstätten ja auch entsprechende Vorschriften bestehen, private Handys während der Dienstzeit beiseite zu lassen, um die Aufmerksamkeit nicht von dem zu betreuenden Kind oder fragenden Eltern abzulenken. Auch ein Erwachsener verdient Aufmerksamkeit! Ihm die Aufmerksamkeit während eines Gesprächs zu entziehen, lässt ihn irritiert zurück.

Dies berührt auch – nebenbei bemerkt – ein gelegentlich wundes Thema kirchlicher Gemeinden, und zwar ob arbeitsrechtliche Mittel wie Dienstanweisungen, Ermahnungen, Abmahnungen usw. gegenüber Mitarbeitenden überhaupt angemessen sind für die Kultur einer christlichen Gemeinde. Tatsache ist, dass auch die christliche Gemeinde sich destruktiven gesellschaftlichen Trends ausgesetzt sieht, die sich einschleichen können. Führen diese Trends zur Vernachlässigung der Pflichten und zum Schaden der Gemeinde, so kann es nach Ausschöpfung milderer Regulierungsmethoden wie dem persönlichen Gespräch und bei fehlender Einsicht notwendig sein, sich auch disziplinarischer Mittel zu bedienen. Besser ist natürlich immer die Einsicht in den Sinn der Regeln, die dann auch umso überzeugter eingehalten werden.

1.2.5 Beachte Zuständigkeiten!

Zu einer gelingenden Gesprächskultur gehört es, dass ich die zuständige Person anspreche. Das ist nicht nur zielorientiert, sondern vermeidet auch üble Stimmung. Es kann als ein Element von Mobbing aufgefasst werden, wenn ich den eigentlich Zuständigen übergehe und ihm somit bewusst das Gefühl gebe, dass er Luft für mich ist.

Ich als Pfarrer erlebte es z.B. wiederholt, dass Eltern sich direkt an mich als Trägervertreter der Kita wandten, wenn sie ahnten, dass sie bei der Kita-Leiterin ihr Anliegen nicht durchsetzen konnten. Bei der Lösungsfindung ist es mir stets wichtig, dass Zuständigkeiten nicht ausgehebelt werden. Denn Letzteres könnte der Leiterin die Arbeit auf Dauer unmöglich machen. Unzufriedenheit, die es natürlich auch mal geben kann, ist zunächst mit einer verantwortlichen Person zu besprechen. Diese kann die notwendigen Schritte in die Wege leiten, um möglichst gute Rahmenbedingungen zu schaffen, und sie wird es auch tun, wenn es in ihren Möglichkeiten steht und sie von ihrer Arbeit etwas versteht. Es kann dagegen als Hinterlistigkeit aufgefasst werden, nach »oben« zu schießen, dem Zuständigen aber nicht zu sagen, was denn das Problem sei. Vor allem aber ist es alles andere als zielführend. Nach einem Gespräch mit einem guten Ergebnis werden dagegen alle ein gutes Gefühl haben und mit Motivation eine Lösung anstreben.

Gibt es im Blick auf die Arbeit oder das Verhalten eines Mitarbeitenden Verbesserungs- oder Änderungswünsche, dann suche ich das Gespräch am besten direkt mit ihm selbst. Grundsätzlich äußere ich mich nicht Dritten gegenüber zur mangelhaften Leistung eines anderen, wenn diese nicht zuständig sind. Das Gespräch mit dem Betroffenen findet unter vier Augen in einer Atmosphäre und Räumlichkeit statt, die für ihn angenehm sind.

Es besteht nicht in einer Auflistung von Vorwürfen, sondern stellt das von ihm gut Gemachte und seine Stärken in den Vordergrund, um dann auf die zu verbessernden Punkte einzugehen.

1.2.6 Gesprächsleitung und Moderation

Die Gesprächsleitung in einer Gruppe hat sehr großen Einfluss auf den Verlauf und das Ergebnis des Gesprächs, das man miteinander führt. Der Gesprächsleiter setzt für die einzelnen Redebeiträge wie auch für die Gesamtzeit eine Zeitgrenze, die er vorher kommuniziert, damit sich alle darauf einstellen können. Das muss und soll nicht mit Hilfe der Stoppuhr passieren, aber mit einem gesunden Zeitgefühl.

Die Erfahrung zeigt: Wo viele Worte fallen, gibt es oftmals wenig Zielführendes. **Die Gesprächsleitung hat die Aufgabe, das Gespräch zielorientiert zu einem greifbaren Ergebnis zu führen.**

Menschliche Kommunikation ist leider auch von schwierigen Aspekten bestimmt: Provokation, Häme, Beleidigung, Besserwisserei, Erpressung, Drohung und anderes mehr. Es empfiehlt sich, auch auf solch destruktive Verhaltensweisen mit Augenmaß zu reagieren, selbst wenn es mir Selbstdisziplin abverlangt und mein Gegenüber meine gemäßigte (und ihn somit überraschende) Reaktion vorerst als Schwäche fehldeuten sollte. Ein kultivierter Umgang betreibt Schadensbegrenzung und hält die vernünftige Mehrheit auf einem konstruktiven Weg. Das entspricht dem von Jesus in der Bergpredigt geforderten Prinzip der Deeskalation (vgl. Matthäus 5,38-48): dem Provokateur den Wind aus den Segeln nehmen, deeskalierend reden und handeln.

Ich erlebe es auch, dass Menschen mit der »Erpressermasche«, mit der sie Ziele durchdrücken bzw. Gremien unter Druck setzen wollen, arbeiten. Sie drohen z.b. damit, auszusteigen oder nicht mehr mitzumachen, wenn es nicht so gemacht wird, wie sie wünschen. Hier empfiehlt es sich, rechtzeitig Grenzen zu setzen. Andernfalls werden nämlich die anderen Mitarbeitenden früher oder später von ihnen dominiert und schikaniert. Es ist nicht ehrenrührig, sich auf Kompromisse einzulassen. Daher ist es für mich ein probates Mittel geworden, Kompromissangebote zu unterbreiten. Sie sind eine Möglichkeit zu prüfen, ob es dem Mitarbeitenden um konstruktives Arbeiten oder um Egoismus und Dominanz geht. Lässt er sich nicht auf Kompromisse ein, wird er auch in Zukunft eher destruktiv statt konstruktiv agieren und der Gemeinde schaden. Es kann daher auf längere Sicht sinnvoll sein, ihm ein anderes Arbeitsfeld anzubieten, oder als letzte Möglichkeit, sich von ihm zu trennen. Unter Umständen kann es auch Sinn ergeben, ihm eine geeignete Fortbildung für Kommunikation anzubieten oder als Gremium insgesamt daran teilzunehmen.

Eines der wichtigsten Prinzipien heißt also Deeskalation. Auf diese Weise kann man vielen Fallstricken aus dem Weg gehen. Wer sich auf das Niveau seines auf Destruktion zielenden Gegenübers begibt, riskiert seine eigene Reputation und verspielt die Chance, alles wieder in ruhiges Fahrwasser zu lenken. Damit aber spielt er dem Ziel des Provokateurs gerade in die Hände. Dabei kann die Situation durchaus anspruchsvoll sein. Als unsere Erzieherinnen mit einer Kindergruppe zu Beginn einer Aktion im Wald die Kinder von den Eltern in Empfang nahmen, brüllte ein Erwachsener unter Verwendung von Schimpfwörtern unsere Mitarbeiterinnen an, weil es regnete. Andere Eltern, die dabeistanden, bewunderten unsere Erzieherinnen, wie ruhig sie

darauf reagierten. Sie schafften es, dass die Kinder trotz des Vor-
falls, dessen Augenzeugen sie wurden, eine gute Zeit im Wald
erlebten. Mit dem Störer wurde der Vorfall später im kleinen
Kreis aufgearbeitet.

Daher empfiehlt es sich, folgende Sprachregeln einzuhalten:

- Ruhiger Ton (»Wer schreit, hat unrecht!«).
- Sachlich bleiben, nicht persönlich werden.
- Klärende Rückfragen stellen, um Missverständnisse auszu-
  schließen: »Ich habe noch eine Rückfrage, um Sie richtig zu
  verstehen ...«
- Keine Beleidigungen oder was als Beleidigung aufgefasst wer-
  den könnte. Wer echauffiert ist, fühlt sich schnell angegriffen.
- Keine herabwürdigenden oder unpassenden Vergleiche.
- Keine Schimpfwörter.
- Keine Unterstellungen oder Gerüchte vorbringen, die ich nicht
  verifizieren kann.
- Keine vorwurfsvolle Aufzählung von Dingen, die mein Gegenüber angeblich falsch gemacht hat (»Sündenkatalog«). Sie
  versuchen, ihn bloßzustellen und somit zu entwürdigen.
- Von der emotionalen Ebene weg, hin zur sachlichen Ebene
  lenken.
- Durchatmen! Eine Erzieherin verriet mir ihre persönliche
  Methode: In einem aufgeheizten Gespräch zähle sie innerlich
  zuerst bis zehn, bis sie überhaupt antwortet. Das helfe allen
  runterzukommen.

Die Fähigkeit, Fünfe auch mal gerade sein zu lassen, kann helfen, Konflikte von vornherein zu verhindern. Im Streitgespräch
kann diese Einstellung vermeiden, meinen Gesprächspartner in
die unangenehme Situation zu bringen, zugeben zu müssen, dass

er Unrecht hat. Ein kluger Gesprächsleiter muss nicht darauf bestehen, dass er Recht hat. Fünfe auch mal gerade sein lassen heißt freilich nicht, »um des lieben Friedens willen« Ungerechtigkeiten zu dulden oder latente Konflikte zu verdrängen. Konflikte müssen ausgesprochen und rechtzeitig und intelligent behandelt werden, um bleibende Schäden zu vermeiden.

Manchmal hilft es auch schon, eine strittige Frage zu vertagen, bis sich Emotionen gelegt haben und alle noch einmal in Ruhe darüber nachdenken konnten. Es mag weit hergeholt klingen, aber der Rat der alten Preußischen Wehrordnung, vor weitreichenden Entscheidungen eine Nacht darüber zu schlafen, wird von der modernen Schlafforschung bestätigt: Das Gehirn ist auch im Schlaf aktiv, ordnet und unterscheidet, verarbeitet Informationen und erleichtert somit am folgenden Tag eine ausgewogenere Entscheidung.

Kommt man in wichtigen Fragen innerhalb der Gemeinde, z.B. in Leitungsgremien, zu keinem einvernehmlichen Ergebnis, ist es sinnvoll, sich von außen beraten zu lassen. Moderation von außen kann helfen, den Stand der Diskussion zu ordnen und konkrete Ziele zu erreichen. Auch bei eingefahrenen Konflikten kann es helfen, sich externe Hilfe zu holen. So bieten z.B. Landeskirchen für diese Fälle Gemeindeberatung und Mediation an.

1.2.7 Körpersprache und nonverbale Kommunikation

Jeder Mensch sendet bewusst und unbewusst nonverbale Signale und Botschaften aus und transportiert dadurch seine augenblickliche Stimmungslage. Es wird geschätzt, dass 50 Prozent oder mehr der zwischenmenschlichen Kommunikation über die Körpersprache laufen[13] – ein sehr beachtlicher Anteil. Umso wichtiger ist es, sich der Wirkung unserer Mimik und Gestik, unserer Körperhaltung und unserer Gangart bewusst zu sein. Denn wir senden mit ihnen Botschaften, erzeugen Gefühle, die die Kommunikation unterstützen, sie aber auch stören können. **In eine Geste bzw. in Mimik kann man oft mehr hineinpacken als in viele Worte.** Nonverbale Botschaften können – genau wie Worte – wie Pfeile sein, aber auch positive Gefühle in meinem Gegenüber wecken, man denke an ein abweisendes Augenrollen im Gegensatz zu einem anerkennenden Lächeln. Die Körpersprache ist dabei oft ehrlicher als Worte, da sie mehr emotionaler Art ist als vom Verstand gesteuert wird. Wenn ich z.b. meine verbale Zustimmung zu einem Wunsch meines Gegenübers von einer nonverbalen Mimik oder Gestik begleiten lasse, die deutlich Unlust signalisiert (Wegschauen, Augenbrauen hochziehen usw.), dann erkennt der andere sofort, dass ich im Gegensatz zu meiner verbalen Zustimmung seinen Wunsch in Wahrheit innerlich ablehne – Körpersprache ist in der Regel ehrlich! »Ich finde Ihren Vorschlag echt super!« – »Wirklich? Und warum rollen Sie dann die Augen?«

Würden Männer und Frauen mehr auf die Körpersprache des anderen achten als auf verbale Beteuerungen, wäre z.b. ein Seitensprung leicht erkennbar, da die extreme Spannung zwischen verbaler Lüge und ehrlicher, weil unbewusster Körpersprache kaum in Balance zu bringen ist. »Warum schaust du mir nicht in die Augen, wenn ich dich frage, wen du angerufen hast?«

Es ist also auch genauso wichtig, die Signale, die mein Gegenüber durch sein nonverbales Verhalten aussendet, zu erkennen. Ich kann damit z.B. die Stimmungslage der Teilnehmenden in einer Konferenz besser einschätzen: von gelangweilt bis gereizt, von Interesselosigkeit bis Begeisterung, und ich kann Authentizität erkennen.

Ein Mitarbeitergespräch kann ich besser führen, wenn ich mir bewusst mache, welche Botschaften ich durch mein nonverbales Verhalten mitteile, und wenn ich umgekehrt die unausgesprochenen Signale des anderen zu lesen verstehe. Die Signale zu ignorieren, wäre unvernünftig. Wer sich lässig in den Stuhl sinken lässt, verrät ohne Worte, dass es ihm im Moment an Aufmerksamkeit, Konzentration und Interesse fehlt.

Für die Sprachkultur einer Gemeinde bedeutet dies, dass ich die Anwendung und das Lesen der nonverbalen Kommunikation nutze, um eine wertschätzende Gemeindekultur zu fördern. Ich kann gute Kommunikation durch nonverbale Aspekte gezielt unterstützen.

Stirnrunzeln, Kopfnicken, Kopfschütteln, Augenrollen, hochgezogene Augenbrauen, gesenkter Blick, Blick an die Decke, verschränkte Finger, Abwinken, Arme vor der Brust, zügiger Schritt, aneinandergepresste Beine, schleppender Gang, hörbares, stoßartiges Ein- oder Ausatmen, zugespitzter Mund, zusammengepresste oder gekräuselte Lippen usw. – unsere zahlreichen nonverbalen Ausdrucksformen werden von den Anwesenden gedeutet und sind genauso »Sprache« wie das gesprochene Wort.

Auf die Wirkung von Kleidung, die man ebenfalls zur nonverbalen Kommunikation rechnen kann, werden wir in einem späteren Kapitel zu sprechen kommen. Sie darf nicht im Gegensatz zu dem stehen, wofür wir stehen und was wir sagen. Die Ganzheit macht uns glaubwürdig.

Beispielhaft gibt die folgende Tabelle einen Überblick, welche Wirkung nonverbale Äußerungen haben *können*. Der Überblick erhebt keinen Anspruch auf wissenschaftliche Präzision, sondern resultiert aus Beobachtung und Erfahrung. Er kann helfen, den Blick auf sich selbst und auf andere zu schärfen:

Nonverbale Verhaltensweise	Mögliche Bedeutung und Botschaft
Zügiger Gang, aufrechter (nicht steifer) Stand	Präsenz, Aufmerksamkeit, Interesse, »Ich bin da!«
Eilender Gang, kleine Schritte	Geschäftigkeit, Gehetztheit, »Keine Zeit!«
Gebückter, kraftloser Gang	Schwaches Selbstbewusstsein, Opferrolle, »Ich gelte nichts!«
Sitzposition zurückgelehnt	Entspanntheit, »Ich bin gerne hier.«
Sitzposition im Stuhl versunken	Lässigkeit/Erschöpfung: »Ich kann mich jetzt nicht wirklich konzentrieren.«
Sitzposition mit nach hinten geneigtem Kopf	Nachdenklichkeit, »Ich verfolge den Gedanken.«
Sitzposition auf der Stuhlkante	Anspannung, »Ich möchte gehen.«
Beine übereinandergeschlagen (bei Frauen) oder ausgebreitet (bei Männern)	Gesprächsbereitschaft, eher entspannt, »Ich habe Zeit mitgebracht.«
Beine zusammengepresst	Anspannung, wenig Zeit, »Ich möchte es kurz machen.«
Einen Fuß über das Knie des anderen Beins gelegt oder Schuhsohlen zeigen	Kumpelhaftigkeit, wenig Respekt, »Was gibt's?«
Wippendes Knie	Nervosität, Ungeduld, »Ich bin leicht überfordert.«

Arme vor der Brust verschränkt	Schutz-, Blockadehaltung, »Ich möchte das nicht an mich heranlassen.« Selbstzufriedenheit, »Ich igele mich ein.« Gewinnerpose, »Ich bin der Sieger.«
Arme in die Seite gestützt	Entschlossenheit, Entrüstung, Überheblichkeit, »Ich fordere Aufmerksamkeit!«
Mit Armen und Händen abwinken	Abweisung, »Ich möchte damit nichts zu tun haben.«
Hände hinter dem Kopf verschränkt, offene Achseln	Eher Überheblichkeit, »Mir kann keiner etwas!« Aber auch Unsicherheit.
Eine Hand hält den anderen Arm	Unsicherheit, Verschämtheit, »Entschuldigung, dass ich Sie anspreche.«
Augenkontakt (nicht starren)	Interesse, Gesprächsbereitschaft, »Ich höre zu.«
Gleiche Augenhöhe im Zweiergespräch (beide sitzen oder beide stehen)	Gleichrangigkeit, »Wir nehmen uns einander ernst.«
Hände schnell aneinander reiben	Ichbezogen: »Eine gute Nachricht für mich«, Wirbezogen: »Eine gute Nachricht für uns.«
Sich den Nacken reiben	Langeweile, Skepsis, Ratlosigkeit, »Ich muss darüber nachdenken.«
Natürliches, unverkramptes Lächeln	Freundlichkeit, Zugewandtheit, »Ich freue mich.« »Ich bin gerne hier.«

Es gibt natürlich viele weitere nonverbale Verhaltensweisen, manche erfolgen bewusst, andere unbewusst. Möglicherweise hat auch die Bewegung der Pupillen nach oben rechts, oben links, unten rechts und unten links jeweils eine kontextbezogene »verräterische« Aussage. Die Gehirnforschung legt es nahe. Aus der Tabelle kann man jedenfalls schon ablesen, dass es nonverbale Verhaltensweisen gibt, die eine auf Wertschätzung und Gesprächsfähigkeit ausgerichtete Gemeindekultur fördern, und andere, die sie stören. Eine Körpersprache, in der Offenheit, Freundlichkeit, Aufmerksamkeit, Zuwendung, Zeitnehmen und Aufrichtigkeit zum Ausdruck kommen, spiegelt die Tatsache, dass die Menschen in dieser Gemeinde wertschätzend miteinander umgehen. Mittel der Körpersprache sollten in der Gemeinde also genauso wenig wie Stilmittel und Kniffe der Rhetorik zum Zwecke der unredlichen Manipulation genutzt werden, sondern der Gemeinde konstruktiv dienen.

Zu beachten ist: Ein und dieselben nonverbalen Verhaltensweisen (z.B. vor der Brust verschränkte Arme) können sowohl positive als auch negative Bedeutungen haben, harmlose oder alarmierende Signale aussenden. Daher empfiehlt es sich, sie individuell und kontextuell sowie in ihrer Gesamtheit zu deuten und sie nicht zu starr und schematisch anzuwenden.

Ein leitender Mitarbeiter, der durch seine Körpersprache Unsicherheit verrät: Brille auf- und abziehen, suchender Blick, auf dem Stuhl rutschen, sich am Kopf kratzen, am Ehering herumnesteln, angestrengte Mimik, – so wird er durch noch so viele Worte wenig überzeugend wirken.

Wenn ich weiß, wie wichtig die Augen für die Kommunikation sind, trage ich keine dunkle Sonnenbrille beim Gespräch. Dass Pokerspieler gerne Sonnenbrillen tragen, tun sie vermutlich nicht nur, um cool auszusehen, sondern auch, weil sie sich über die Mikromimik ihrer Augen nicht »in die Karten« schauen lassen wollen.

Küsschen und Umarmungen vor anderen Menschen können affig und ausgrenzend wirken. Es versteht sich von selbst, dass sie nur in beiderseitigem Einvernehmen und nur unter »Gleichrangigen« erfolgen, da sonst der Eindruck des Missbrauchs eines Machtgefälles entstehen kann. Vertrautheit kann man auch angemessener zum Ausdruck bringen.

Meine Körpersprache wirkt dann in guter Weise, wenn sie authentisch bleibt. Störende Angewohnheiten darf man sich abgewöhnen, hilfreiche Gesten hingegen verstärkt und bewusst einsetzen. Vermutlich hatte jeder in seiner Schulzeit Lehrer*innen mit schlechten Angewohnheiten: Der eine kam immer in demselben langweilen Sakko, der andere machte mit seiner Solarbräune und seinem Ohrring auf Sunnyboy, die Nächste verhinderte durch ihre hektische Nervosität jedes ruhige Gespräch, der Vierte schlängelte sich an der Hauswand entlang wie ein Hühnerdieb. Durch diese Angewohnheiten, die eigentlich einfach abstellbar gewesen wären, haben sie ihre guten Qualitäten leider überdeckt und behindert. Schade!

Trainiert man sich nonverbale Verhaltensweisen an, so muss man darauf achten, dass es nicht aufgesetzt wirkt. Es ist daher ratsam, diese Aspekte in der Gesprächskultur unterstützend, nicht dominierend zu verwenden. Körpersprache muss wohlbedacht sein und beherrscht werden, dann kann sie gute Kommunikation fördern.

1.3 Kommunikation und Konversation

Biblische Reminiszenz:
»Wer unvorsichtig herausfährt mit Worten, sticht wie ein
Schwert; aber die Zunge der Weisen bringt Heilung.«
Sprüche 12,18

Eine Unterform der allgemeinen Kommunikation ist die *funktionale Kommunikation*. Diese wiederum ist zu unterscheiden von der freien *Konversation*.

Funktionale Kommunikation ist der Austausch von Informationen, Nachrichten und Mitteilungen zu einem bestimmten Zweck. Störungsfreie funktionale Kommunikation dient der professionellen Erledigung von Aufgaben.

Konversation ist hingegen das im Grunde nicht zweckgebundene, mitunter zufällige, aber doch wichtige Gespräch von Mensch zu Mensch, von Menschen, die als solche aneinander interessiert sind, sei es im privaten oder auch beruflichen Kontext.

In beiden Bereichen, der funktionalen Kommunikation und der Konversation, gibt es Regeln, die, wenn man sie einhält, förderlich und zielführend sind. Hält man sie nicht ein, gibt es Störungen.

1.3.1 Funktionale Kommunikation

Zu einer angemessenen funktionalen Kommunikation in der Gemeinde gehören meiner Erfahrung nach Grundsätze, die vieles erleichtern und das Miteinander fördern:

Zeitnahe Erledigung: Anfragen sollte man zügig beantworten. Alles andere ist entweder ein Signal von Desinteresse oder von fehlender Professionalität. Egal, ob eine junge Familie ein Taufgespräch wünscht, ein Sicherheitsbeauftragter einen Begehungstermin erbittet oder eine Touristengruppe um eine Führung in der Kirche nachfragt – es fällt ein schlechtes Licht auf die Gemeindeleitung und es spricht sich schnell herum, wenn Fragende im Regen, sprich: ohne Antwort stehen gelassen werden. Zugesagte Rückrufe und versprochene Antworten werden zeitnah erledigt.

Höflichkeit und guter Ton: Bei aller notwendigen Klarheit der Sprache ist doch ein höflicher Stil das Sahnehäubchen. Auch wenn einem selbst nicht immer mit der gewünschten Höflichkeit begegnet wird, ist es doch ein Zeichen von Schwäche, mit gleicher Münze heimzuzahlen. Höflichkeit siegt immer und ist »das sicherste Zeichen geistiger Überlegenheit«, um es mit Otto Freiherr von Berger zu sagen (»Der gute Ton. Buch des Anstandes und der guten Sitten«, 1886); eine Einsicht, die zeitlos gültig bleibt.

Stil und Geschmack: Wenn es mir gelingt, bei aller professionellen Erledigung meiner Aufgaben auch noch eine geschmackvolle Note in die Kommunikation einfließen zu lassen, so wird das positiv auffallen. Ich kenne eine Kita-Leiterin, die selbst die einfachsten Mitteilungen auf wunderschönes Papier schreibt – es macht einfach Freude, sie zu lesen und zu beantworten.

Auch das darf gesagt werden: Sehr wichtig ist **Verbindlichkeit!** Wenn man einmal den Ruf hat, »Ankündigungsminister« zu sein, wird man schwerlich noch ernst genommen. Leere Worte, denen keine Taten folgen, Versprechen, die ich nicht einhalte, sind in der Lage, meine Glaubwürdigkeit in kürzester Zeit, dafür aber für immer zu ruinieren. Umgekehrt werde ich ein positives Echo bekommen, wenn ich das, was ich angekündigt habe, auch tue.

Ein klarer Abschluss: Bitte keine Antworten schuldig bleiben! Das bedeutet, ich lasse möglichst niemanden ins Leere laufen, indem ich auf sein Anliegen einfach nicht eingehe. Die Kommunikation bitte zu einem klaren Ende bringen! Wenn sich im Moment keine Lösung findet, so darf dies klar gesagt werden. Auch auf diese Weise kann man eine Sache wertschätzend abschließen. Beispiel: Wenn eine Mitarbeiterin um eine Veränderung in ihrem Arbeitsfeld bittet, dann sollte ich so fair sein und ihr gegebenenfalls erklären, dass es zurzeit leider nicht geht. Ich kann ihr aber zusagen, dass ich ihr Anliegen gleichwohl im Auge behalten und darauf zurückkommen werde – was ich dann natürlich auch tun muss!

Es sei noch gesagt: So wichtig und unverzichtbar heute moderne Kommunikationstechniken sind – es gibt Dinge, die bespricht man nur von Mensch zu Mensch, Auge in Auge! Dazu gehört z.b. der weite Bereich persönlicher Anliegen. Ein Trauergespräch etwa führe ich nie telefonisch, sondern nur präsentisch. Die Coronakrise ab 2020 hat uns nicht zuletzt gelehrt, dass in bestimmten Situationen das persönliche Gespräch, die physische Anwesenheit der Gesprächspartner*innen durch keine Technik ersetzt oder aufgewogen werden können. Denn bei der Kommunikation spielt viel mehr mit als nur Wörter und Sätze, nämlich die Gesamtheit der menschlichen Präsenz. Wir haben dies oben unter der nonverbalen Kommunikation bereits gesehen. Und damit kommen wir zur Konversation, die stets unter anwesenden Menschen geschieht und eigentlich auch nur geschehen kann, da bei ihr die Ganzheit der Person eine entscheidende Rolle spielt.

1.3.2 Absichtsfreie Konversation

Von der zielgerichteten Kommunikation unterscheiden wir die Konversation. Natürlich verschwimmen hier auch Grenzen. Doch gibt es einen entscheidenden Unterschied: Konversation ist ungezwungener, freier, auch ein wenig unverbindlicher. Man darf sich ausprobieren und das Herz ein Stück weiter öffnen.

Konversation ist nicht technisch-funktional, nicht zielorientiert, in diesem Sinne ist sie zweckfrei im Sinne von absichtslos, außer dass sie wesentlich zwischenmenschliche Begegnung fördert. Sie kann aber durchaus mehr als nur Plauderei sein. Sie möchte dem besseren Kennenlernen dienen und Beziehungen vertiefen. Sie hat nicht Probleme, die zu lösen sind, zum Gegenstand, sie erfüllt nicht dienstliche Aufgaben und entwirft keine Arbeitspläne, sondern lässt die Herzen sprechen, lässt dem Träumen Raum, dem Humor und dem Lachen.

Eine gute Konversation öffnet die Menschen füreinander. Sie eröffnet die Möglichkeit, mal ins Blaue hineinzudenken. Sie lässt Dinge ansprechen, die den anderen als Mensch mit Herz und Seele klarer hervortreten lassen. Sie in ein Regelkorsett zu pressen, wäre daher von vorneherein kontraproduktiv. Sie eröffnet die Chance, am Miteinander zu feilen, den anderen als Menschen besser einschätzen zu können.

Konversation wurde früher von bestimmten Kreisen der Gesellschaft z.B. in Salons gepflegt und insofern leider schon wieder eingeengt. Dennoch zeigt die Tradition der Salons zum einen, dass ein geeignetes Umfeld, in dem man sich wohlfühlt, die Konversation fördert. Zum anderen macht sie deutlich, dass der Mensch das Bedürfnis nach freier Sprache hat, die Freude bereitet, ohne gleich festgelegt zu werden, sich erklären zu müssen oder Angst zu haben, das Gespräch könnte in Streit münden. Daher sollten strittige

Themen in guter Konversation nicht angesprochen werden. Wenn ich mit Amerikanern Konversation treiben will, rede ich nicht als Erstes über meine abweichende Einstellung zu Patriotismus, und wenn ich Muslime im Gespräch kennenlernen möchte, spreche ich nicht das Themenfeld »Heilige Kriege« an. Dies sind wichtige Themen für analysierende Seminare, die ganz anderen Regeln folgen, nicht aber für die Mensch-zu-Mensch-Begegnung in der ungezwungenen Konversation. Denn strittige Themen ersticken die Konversation schnell und verbauen mir die Chance, mein Gegenüber als Mensch näher kennenzulernen.

Wo ist nun der Ort für Konversation in der Gemeinde? Nun, da gute Konversation sich nicht in Fesseln legen lassen will, gibt es viele Möglichkeiten. Teils lassen sie sich in das Gemeindeleben als gute Tradition einpflegen, teils entstehen sie völlig unerwartet:

Da ist das »**Gespräch zwischen Tür und Angel**«, bei der zufälligen Begegnung, beim Einkaufen, am Sportplatz, beim Stadtfest. Es gilt, die Gelegenheit zu nutzen, den zugeworfenen Ball zu ergreifen und zurückzuspielen, wenn sich wider Erwarten ein interessantes Gespräch auftut! Sich Zeit nehmen lohnt sich. Alle werden mit Gewinn auseinandergehen.

Die **Begrüßung neu Zugezogener** z.B. bei einem Brunch für Neuankömmlinge im Gemeindehaus ist eine gute Möglichkeit, Menschen kennenzulernen und sich selbst vorzustellen. Die Themen bestimmen mehr die Gäste als ich selbst. Denn nur so kann man sicherstellen, dass das zur Sprache kommt, was die Gäste auch wirklich interessiert. Meine Aufgabe ist es, durch den einladenden Kontext (Räumlichkeit, Kulinarisches) die Menschen genau dazu zu animieren. Sie sollen sich wohlfühlen. Und immer bedenken: Der Gast bestimmt das Thema, nicht ich!

Der **Geburtstagsbesuch** könnte auch eine Möglichkeit guter Konversation eröffnen. Ich formuliere es bewusst vorsichtig, denn nach Hunderten von Geburtstagsbesuchen, die ich im Namen der Gemeinde über die Jahre gemacht habe, weiß ich: Oftmals folgen Geburtstagsbesuche festen Ritualen mit ganz bestimmten Erwartungen, die sowohl im Kopf der Gratulanten als auch des Jubilars stecken: »Die Gratulanten kommen und wünschen alles Gute und der Jubilar bietet ihnen ein Glas Sekt an.« Das Ganze ist dann auch noch zeitlich geregelt, z.B. von 11.00 Uhr bis 12.00 Uhr vormittags! Solche festen Riten können Konversation von vornherein verunmöglichen, da der Rahmen zu festgezurrt ist. Daher entwickelt sich gute Konversation, wenn überhaupt, oft eher unerwartet am Rande von Geburtstagsbesuchen.

Das **Neujahrscafé** lädt Jung und Alt dazu ein, miteinander ins Gespräch zu kommen. Versuchen Sie, Begegnungsräume zwischen den Generationen zu schaffen. Das kann äußerst spannend und für alle bereichernd sein. Beim Mixen alkoholfreier Cocktails und beim Servieren regional erzeugter Lebensmittel kommen alle Altersgruppen miteinander ins ungezwungene Gespräch.

Begegnungsabende lassen Haupt, Neben- und Ehrenamtliche (Freiwillige) in einem Kontext zusammenfinden, den sie sonst nicht haben. Man kann durchaus einen Impuls zur Konversation geben, z.B. ein kleines Video aus dem Gemeindeleben zeigen, aber bitte keine Themen eingrenzen und keine Grüppchen festlegen. **Konversation liebt die Freiheit!**

Das sind nur wenige Beispiele. Es gibt viele weitere Möglichkeiten, Räume für Konversation zu schaffen, vom Gemeindeausflug bis zum Literaturabend.

1.4 Gremienkultur – Begegnung schlägt Sitzung

Biblische Reminiszenz:
»Weidet die Herde Gottes, die euch anbefohlen ist,
und achtet auf sie, nicht gezwungen, sondern freiwillig,
wie es Gott gefällt, nicht um schändlichen Gewinns
willen, sondern von Herzensgrund, nicht als solche,
die über die Gemeinde herrschen, sondern
als Vorbilder der Herde.«
1. Brief des Petrus 5,2f.

Die Arbeit in Versammlungen, Gremien und Ausschüssen sowie ähnliche Treffen nehmen heute einen großen Zeitanteil der Engagierten in Anspruch. Das partizipatorische Element und Mitbestimmungsrecht, das sich darin niederschlägt, sind richtig.

Dass in einer christlichen Gemeindeleitung das Wohl der Gemeinde weitsichtig im Zentrum aller Entscheidungen stehen sollte, bedarf wohl keiner weiteren Begründung. Transparenz und Repräsentativität zeichnen die Arbeit eines Leitungsgremiums in einer freiheitsliebenden und verantwortungsbewussten Gemeinde aus. Weniger das Kontrollieren und Genehmigen sind heute die Aufgaben eines Leitungsgremiums als vielmehr das Motivieren und mit gutem Beispiel Vorangehen, jedenfalls wenn es der Gemeinde in zeitgemäßer Weise dienen möchte.

Und das gilt letztlich für alle Gremien: Sie sind wichtig, damit möglichst viele repräsentative Gemeindemitglieder an Entscheidungen und somit an der Gegenwart und Zukunft der Gemeinde teilhaben können. Doch zu meinen, Kirche geschehe schon dann, wenn eine Sitzung stattfindet, ist ein Irrtum. Vielmehr sollte sich jedes Gremium zuallererst klarmachen, dass es eine dienende Funktion hat.

Die Kirche ist im Zuge der begrüßenswerten Demokratisierung der Gesellschaft andererseits zu einer Art Gremien- und Sitzungskirche geworden, ja die verfasste Kirche definiert sich geradezu als solche. Man nehme nur einmal die Kirchenordnungen zur Hand! Sie sind übervoll mit Bestimmungen und Paragraphen, die regeln, *wie welches* Gremium zu *welchem* Zweck zustande kommt und nach *welchem* Verfahren es *was* beschließen darf. Das Problem: Ein solches Kirchenverständnis hat im Bewusstsein vieler Christen den geistlichen Gemeindebegriff verdrängt, der besagt, dass Kirche da ist, wo Menschen im Geiste Jesu Christi das Wort Gottes hören und die von Jesus Christus eingesetzten Sakramente feiern, die Zeichen der Liebe Gottes zu den Menschen sind und eine Perspektive eröffnen, die das ganze Leben umfasst und sogar über diese Existenz hinausreicht. Gemeinden und ihre Gremien sollten sich dieser Spannung bewusst sein.

Damit die investierte Zeit sich lohnt, ist es für ein Gremium ratsam, bestimmte Punkte zu beachten:

a) Es gilt, die oben in den Kapiteln »Sprach- und Gesprächskultur« und »Kommunikation und Konversation« beschriebenen Regeln einzuhalten.

b) Körperliche und geistige Präsenz der Gremienmitglieder ist erforderlich. Nichts ist ärgerlicher, als mangels Teilnahme nicht beschlussfähig zu sein.

c) Eine gute Sitzungsvorbereitung ist Voraussetzung für effektives Arbeiten. Das heißt z.B.: Die Tagesordnung ist rechtzeitig allen zugegangen; alle haben sie gelesen und sich nach ihren Möglichkeiten vorbereitet; alle erforderlichen Informationen sind im Vorfeld eingeholt worden.

d) Zeitökonomisches Strukturieren der Redebeiträge erfordert von allen Disziplin.

e) Eine schriftliche Ergebnissicherung (Protokoll) sollte allen Teilnehmenden zugänglich gemacht werden.

f) Die nächsten Schritte sollten klar und schriftlich festgehalten werden: Wer erledigt was bis wann?

Die schwierigen Seiten einer überwiegend in Gremienform existierenden Organisation sollten nicht verschwiegen werden. Leider ist sie auch Tummelplatz für Personen, die wissen, wie sie die Leute in ihrem Sinne »auf Kurs« bringen. Personelle Fluktuation ist daher sehr wichtig, auch damit sich Machtstrukturen und monopolähnliche Besetzungen nicht verfestigen. Eigentlich sollte man eine zeitliche Obergrenze für die Mitgliedschaft in einem Gremium festlegen. Leider scheitert das in der Realität daran, dass es zunehmend schwieriger ist, Mitarbeitende zu finden. Umso mehr sollte das Gremium selbst bemüht sein, Erstarrungstendenzen und Selbstgenügsamkeit selbstkritisch im Blick zu behalten.

Weniger kann oft mehr sein! Es ist stets zu überlegen, ob der Aufwand einer Sitzung im sinnvollen Verhältnis zum positiven Nutzen für die Gemeinde steht. Wer kennt nicht die nicht enden wollenden Sitzungen! Diese sind nicht nur für viele Engagierte ermüdend, sondern sie schrecken auch mögliche neue Mitarbeitende davon ab, sich einzubringen. Es kann schon eine Hilfe sein, technische Kommunikationsmethoden zu nutzen, die die Sitzung von vornherein straffen, z.B. jede zweite Sitzung als Videokonferenz durchzuführen, die die gleiche Wirkung erzielt wie ein physisches Treffen, aber nicht so »ausladend« im doppelten Sinne des Wortes ist. Ganz nebenbei schont man mithilfe moderner Kommunikationsmethoden die Schöpfung, indem man Autokilometer spart.

Wenn die Sitzung beginnt, wirken gesunde Getränke, wohlüberlegte Tischdekos, warme, wohlriechende Räume, kurze Pausen und ein origineller Impuls besonders einladend auf die Teilnehmenden. Sie stimmen die Anwesenden positiv. Die Zuständigkeit für solche Vorbereitungsarbeiten darf reihum gehen, denn alle sollten an einem angenehmen Raumklima interessiert sein. Eine gesprächsfreundliche Sitzordnung und augenfreundliche Lichtverhältnisse erleichtern die Kommunikation. Und stets bedenken: Auch an Kleinigkeiten, wie z.b. den ausgewählten Getränken oder der Tischdekoration, lässt sich erkennen, mit wie viel Liebe und Verstand die Sitzung vorbereitet wurde und ob die Überzeugungen wie Nachhaltigkeit und Bewahrung der Schöpfung gelebt werden. Übertriebene »Sparsamkeit«, die sich zur Knausrigkeit gesteigert hat, z. B bei der Auswahl der Getränke, schadet den Sinnen, der Gesundheit und der Schöpfung.

Grundsätzlich gilt: Begegnung schlägt Sitzung!
Will sagen: Man investiere seine Zeit besser in Formen echter menschlicher Begegnung als im Abarbeiten einer langweiligen Tagesordnung, von der die Gemeinde »draußen« wenig mitbekommt. Ein schöpferischer und kreativer Umgang mit Themen, auch mit kontroversen Themen, ist fruchtbarer als eine endlose Diskussion sich ewig wiederholender Sachverhalte. Daher lieber eine Sitzung weniger und stattdessen:

a) Alle Mitglieder des Gremiums treffen sich zu einem kreativen Arbeitseinsatz draußen, um die nach außen strahlenden Gebäude der Gemeinde zu verschönern.

b) Alle Gremienmitglieder gehen zu einem offenen Event mit Überraschungseffekten: Wer kommt, wer fühlt sich angesprochen von unserer neuen Laien-Band, die moderne Musik präsentiert?

c) Das Gremium fördert die kulturelle Vernetzung, indem sich alle Gremienmitglieder mal mit Vorständen anderer Organisationen aus der Kultur treffen, auch um mögliche Kooperationen auszuloten.

d) Alle Gremienmitglieder stehen an einem Gemeindeabend unter dem Thema »Miteinander reden« den Gemeindemitgliedern zur Verfügung, um darüber zu informieren, was sie als Vorstand eigentlich so tun und planen. Denn oftmals berührt das »die da draußen« wenig bis gar nicht, wenn sie davon keine Kenntnis haben. Eine Open-space-Konferenz, von einem erfahrenen Moderator geleitet, kann Leitungsgremien in der Begegnung mit Gemeindemitgliedern zu ganz neuen Impulsen verhelfen, denn bei ihr bestimmen wesentlich die Teilnehmenden die Thematik.

e) Wir laden einen Gast ein, der uns neue Impulse gibt, z.B. zu den Themen Musik, Fundraising, Kinder und Medien.

f) Wir verlassen mal ausgetretene Denk-Pfade und kochen Alleinerziehenden ein Abendessen, zu dem wir in das Gemeindehaus einladen.

g) Talente entdecken! Kennen wir wirklich unsere Gemeinde und wissen wir, welche Begabungen da schlummern?

h) Wir erkunden spielerisch und zwanglos die Gemeinde: Ein Spaziergang oder eine Fahrradtour der Nachhaltigkeit, der Toleranz, der Sternenkunde!

i) Wir veranstalten in der Adventszeit einen »Lebendigen Adventskalender«: Menschen kommen an verschiedenen Abenden zu unterschiedlichen Gastfamilien, erfreuen sich im Freien am schön gestalteten Adventsfenster und sind Gäste bei einem vorweihnachtlichen Glas Glühwein, bei dem sie eine Weihnachtsgeschichte hören.

1.5 Motivation und Beziehungsarbeit

Biblische Reminiszenz:
»Wir ermahnen euch aber:
Weist die Nachlässigen zurecht,
tröstet die Kleinmütigen, tragt die Schwachen,
seid geduldig mit jedermann.«
1. Brief des Paulus an die Christen in Thessalonich 5,14

»Wenn ich … meinen Leuten die Liebe zur Seefahrt mitteile und so ein jeder den Drang dazu in sich verspürt, weil ihn ein Gewicht im Herzen zum Meere zieht, so wirst du bald sehen, wie sie sich verschiedene Tätigkeiten suchen, die ihren tausend besonderen Eigenschaften entsprechen. Der eine wird Segel weben, der andere im Walde den Baum mit dem Blitzstrahl seiner Axt fällen. Wieder ein anderer wird Nägel schmieden, und irgendwo wird es Männer geben, die die Sterne beobachten, um das Steuern zu erlernen. Denn ein Schiff erschaffen, heißt nicht die Segel hissen, die Nägel schmieden, die Sterne lesen, sondern die Freude am Meer wachrufen – die ein und dieselbe ist – und wo sie herrscht, gibt es keine Gegensätze mehr, sondern nur Gemeinsamkeit der Liebe.«[14]

Man ersetze in diesen Worten Antoine de Saint-Exupérys die Seefahrt durch die Gemeinde und das Meer durch das Evangelium und man hat den Schlüssel zu einer idealen Gemeinde vor sich. Und doch muss man nicht unbedingt ein charismatischer Kapitän sein, um die Mitarbeitenden auf einem loyalen und von Motivation geprägten Kurs zu halten und so zu vermeiden, dass das Schiff in gefährliche Gewässer gerät.

Eine gute Leitungsperson in der Gemeinde weiß um ihre eigenen Grenzen und überfordert weder sich noch die »Besatzung«. Es genügt die Einhaltung erstaunlich schlichter Regeln, um allen zu vermitteln, dass sie und ihre Arbeit wertgeschätzt werden. Dies weckt in ihnen die Motivation, ihre Kraft in den Dienst aller zu stellen und das Schiff in die richtige Richtung zu steuern.

Fangen wir mit einer praktischen Frage an: Soll ich als »Kapitän«, also als Person in verantwortlicher oder leitender Position, meine Mitarbeitenden duzen oder siezen? In der amerikanischen Kultur hat man es da leichter. Man redet sich recht schnell beim Vornamen an und die Unterscheidung zwischen »Du« und »Sie« gibt es dann nicht mehr. In unserer Kultur und Sprache ist es hingegen etwas komplizierter. Früher war es sogar verbreitet, dass Kinder ihre Eltern siezten, als Zeichen der Anerkennung und Respekts. Heute hat sich auch in vielen beruflichen Sparten und »Communities« das Duzen durchgesetzt, vermutlich angeregt durch die amerikanische »Leitkultur« bzw. das Teamdenken. In einem relativ homogenen, überschaubaren Team mag das Duzen naheliegend, ja förderlich für den Zusammenhalt sein. Aber eine Gemeinde ist sehr inhomogen, da sie aus zahlreichen disparaten Milieus, Altersgruppen und Individuen besteht. Es ist nicht unbedingt ein Zeichen von christlicher Geschwisterlichkeit, wenn ich jedem gleich das »Du« anbiete oder es ihm gar aufdränge. Das »Du« und das »Sie« kann angemessen oder ungemessen sein und will wohlüberlegt sein. Vor allem sollen sich alle wohl damit fühlen, sonst kann man es lassen. Das Problem stellt sich sehr schnell: Soll ich *alle* duzen oder nur meine engen Mitarbeitenden? Oder nur die, zu denen ich ein gutes, vielleicht sogar freundschaftliches Verhältnis habe? Das Duzen nur eines Teils der Mitarbeitenden in der Gemeinde birgt die Gefahr, dass ein innerer Zirkel entsteht, von dem sich die anderen ausgeschlossen fühlen. Wer nicht zum Zirkel der Vertrauten gehört, hat schnell den Eindruck, dass er benachteiligt wird und nicht richtig dazugehört. Untergebene z.B. haben ein feines Gespür dafür, ob sie von ihrem Vorgesetzten fair, gerecht und gleichbehandelt werden. Das Duzen eines Teils der Mitarbeitenden durch den Vorgesetzten oder verantwortlichen Leiter birgt daher Konfliktstoff. Es kann Ausgrenzung und Parteibildungen fördern. Das Siezen hingegen, sofern es von Vertrauen und Zuverlässigkeit geprägt ist, ist womöglich geeigneter, eine gesunde Balance zwischen Nähe und Respekt zu finden. Wer den anderen siezt, wird weniger schnell salopp, schnoddrig oder gar abfällig werden als zu einem »Kumpel«. Zu bedenken ist auch: Das »Du« anbieten kann aufdringlich wirken. Abhängig Beschäftigte bringt man unter Umständen sogar in eine Situation der Nötigung, zumindest des Unwohlfühlens. Es ist wie eine unerwünschte Umarmung. Das jeweilige Alter der Beteiligten spielt ebenso eine Rolle wie das Geschlechterverhältnis, die Position und die »Chemie«. Im Zweifel also (vorerst) lieber: »Sie«. Sind Gäste aus anderen Ländern oder Kulturen bei uns zu Gast, die die vertraute Anrede beim Vornamen gewöhnt sind, sollte darauf selbstverständlich eingegangen werden, um keine unnötige Distanz aufzubauen.

Die Überzeugung, dass man gemeinsam für eine Sache steht, schweißt zusammen. Es ist *unsere* Gemeinde, *unsere* Kirche, *unsere* Kindertagesstätte usw. Im Prinzip ist das allen klar. Und doch ist die Beziehungspflege eine stete Aufgabe, damit der Zusammenhalt gewahrt bleibt. Sich klar machen, dass wir in *einem* Boot sitzen, dass wir einen gemeinsamen Auftrag haben und deshalb als Gemeinschaft zusammengehören, das muss durch eine gute Beziehungspflege erhalten und gefestigt werden. Bestimmte Bereiche und Kreise der Gemeinde neigen zu einem Eigenleben. Selbstständiges Handeln ist gut, aber es darf nicht das Bewusstsein dafür verloren gehen, dass alle zu der einen Gemeinde gehören, Besatzung des einen »Schiffes« sind.

Für alle Mitarbeitenden ist es wichtig, dass die Zuständigkeiten geregelt sind. Zuständige dürfen keinesfalls übergangen werden. Absprachen sollen verbindlich und zuverlässig sein. Auch die Gemeinde kann wissen, wer alles mitarbeitet und in welchem Bereich. Dafür kann man die gemeindeeigenen Medien wie z.b. die Homepage nutzen, wo die Mitarbeitenden vorgestellt werden oder sich selbst vorstellen.

In der Gemeinde haben wir es bei den Mitarbeitenden überwiegend mit Freiwilligen, Ehrenamtlichen zu tun. Und dennoch: In dem Wort »Mitarbeitende« steckt das Wort »Arbeit«. Von Mitarbeitenden kann daher auch etwas verlangt oder erwartet werden, auch wenn es Freiwillige sind. So darf man erwarten, dass Mitarbeitende im Rahmen ihres Zeitbudgets Fortbildungen besuchen und sich aktiv Informationen einholen, die sie für ihre Arbeit brauchen. Auslagenerstattung ist ausdrücklich anzubieten; Versicherung ist zu gewährleisten. Das alles fördert Qualität in der Gemeinde.

Die Beziehungsarbeit wird in ihrer Bedeutung manchmal unterschätzt. Man kann bereits mit kleinen, aber wohlüberlegten Gesten Positives bewirken:

- Wie verteile ich Informationen an Mitarbeitende? Suche ich das persönliche Gespräch und nehme mir Zeit oder pinne ich zeiteffektiv ein formelles Papier an das schwarze Brett in der Erwartung, dass alle gefälligst draufschauen.
- Wie überbringe ich Botschaften? Von Mensch zu Mensch oder elektronisch? Es ist ratsam, sich gut zu überlegen, welche Art von Botschaft man auf welchem Wege überbringt. Gewisse Botschaften verbieten sich einfach für den elektronischen Weg, z.B. ein kritisches Feedback.

- Wie überreiche ich ein Geschenk? Undekoriert, weil ich keine Zeit hatte? Oder doch liebevoll gestaltet, und somit auch ein Stück Zeit, das ich investiert habe?
- Wie gestalte ich Einladungen? Erledige ich sie schnell mündlich zwischen Tür und Angel und signalisiere damit, dass es mir die Mühe nicht wert war, Zeit in ein paar Zeilen zu investieren? Oder gebe ich mir Mühe und überreiche eine wohlüberlegt ausgesuchte Einladungskarte mit Aussage?
- Wie übermittle ich Weihnachtsgrüße? Am besten nicht per Mausklick und Rundmail über einen »Verteiler«! Jeder Mensch hat einen persönlichen Namen. Dass er damit auch angesprochen werden muss, sollte sich von selbst verstehen.

All diese kleinen alltäglichen Gesten sagen etwas darüber aus, welche Art von Beziehung unter den Gemeindegliedern und zwischen Haupt-, Neben- und Ehrenamtlichen besteht.

In einer von Freiwilligen geprägten Gemeinde gehört zur Beziehungspflege unbedingt die persönliche Begegnung. Fehlt sie, entfremden sich die Menschen voneinander. Eine gemeinsame Freizeit, eine geistig-geistliche Zurüstung, ein Motivations-Wochenende zu einem Thema, das die Gemeinde betrifft, schweißt das Team zusammen.

Sich nach einem erfolgreichen Projekt eine gemeinsame Belohnung zu gönnen gehört auch dazu. Wenn man nicht schon regelmäßig eine gesellige Runde pflegt, z.B. nach einer anstrengenden Sitzung, dann sollte zumindest einmal im Jahr ein gemeinsames Mitarbeiteressen, ein fröhliches Grillen oder ein origineller Ausflug auf dem Programm stehen. Hier entsteht abseits der »dienstlichen« Begegnung ein Raum für persönlichen Austausch und für Konversation. Daher bitte: Betriebsausflüge nie aus Gründen der Sparsamkeit abschaffen!

Wie auf einem Schiff gibt es auch in der Gemeinde fleißige und gute, leistungsfähige und kreative Mitarbeitende. Alle in gleichem Maße zu motivieren, sollte man daher immer wieder im Blick haben. **Nicht richten, sondern aufrichten lautet das Ziel.** Neue Mitarbeitende kann man über ein systematisches Freiwilligenmanagement finden. Die kirchlichen Dienste bieten Beratung und Unterstützung an. Auf diese Weise kann man die Gewinnung und die Pflege von Freiwilligen in der Gemeinde als stete Aufgabe implantieren.

Und um im Bild vom Schiff zu bleiben: Ein Kapitän muss nicht den Ehrgeiz haben, von allen geliebt zu werden, aber er sollte fair, barmherzig und dankbar sein. Neben seinem individuellen Einsatz für jeden Einzelnen soll sein Interesse dem Schiff als Ganzem gelten. Erleidet es nämlich Schiffbruch, dann geht die Gemeinde im wahrsten Sinne des Wortes unter. Und: Ohne die Mannschaft ist auch der Kapitän nichts. Nur im produktiven Miteinander kann das Schiff an seinem Ziel ankommen.

1.6 Gastfreundschaft und Tischkultur

Biblische Reminiszenz:
»Gastfrei zu sein vergesst nicht; denn dadurch haben
einige ohne ihr Wissen Engel beherbergt.«
Brief an die Hebräer 13,2

Die Tischgemeinschaft bedeutet eine recht vertrauliche Form des Miteinanders. Das war schon in biblischer Zeit so. In vielen christlichen Gemeinden dieser Welt gehört das gemeinsame Mittagessen nach dem Sonntagsgottesdienst zum festen Bestandteil des Sonntags: Das Gemeindehaus mit Küche und Speisesaal ist der Kirche unmittelbar angeschlossen. Sicher geht das in traditionellen Gemeinden in Deutschland nicht so ohne Weiteres. Zum einen wegen der ungeeigneten Räumlichkeiten, zum anderen wegen der fehlenden Logistik, aber auch, weil man es oftmals so nicht kennt. Eine Gemeinde aber, die die Möglichkeit hat, regelmäßig miteinander ein Essen einzunehmen, sollte dies auf jeden Fall praktizieren oder es einfach einmal ausprobieren. Es wird für die Gemeinschaft nur von Vorteil sein. Bei unserem jährlichen ökumenischen Spendensuppenessen, bei dem gespendete Suppen für einen guten Zweck ausgegeben werden, machen viele die Erfahrung, wie sehr Tischgemeinschaft das Gemeindeleben bereichern kann.

Wie geht man mit Gästen um? **Einen Gast zu haben, ist eine Ehre.** Umgekehrt sollten wir als Gäste die Gastfreundschaft des Gastgebers zu schätzen wissen. Gastfreundschaft gelingt besonders gut, wenn sowohl Gast als auch Gastgeber bestimmte Regeln beachten.

Angenommen, wir empfangen als Gemeinde Gäste. Es macht einen guten Eindruck, Gästen aktiv entgegenzugehen, im wahrsten Sinne des Wortes »entgegenkommend« zu sein. Das ist ein Teil des freundlichen Empfangs. Ich bleibe nicht regungslos stehen oder gar am Tisch sitzen und warte, bis der Gast sich nähert, um ihm dann sitzend die Hand zu reichen. Warum? Sich bewegen, auf den Gast zugehen, sich vom Platz erheben, das signalisiert Aufmerksamkeit: Ich freue mich, dass du da bist!

Um Gäste muss man sich auch wirklich kümmern, wenn sie einmal da sind. Kündigen sie ihr Kommen an, bietet man schon im Vorfeld alle Hilfe an, damit sie gut ankommen. Man bringt seine Freude darüber zum Ausdruck, dass wir sie bei uns haben dürfen. Sie wahrnehmen, freundlich begrüßen und sie anderen vorstellen, das sind Grundregeln. Sie angemessen bewirten, das gehört ebenso dazu wie die liebevolle Gestaltung des Begegnungsraums mit allem, was dazugehört. Gästen hilfsbereit zur Seite stehen, Fragen beantworten, Unsicherheiten erspüren, aktiv Hilfe anbieten, aufmerksam sein, das macht den Aufenthalt für den Gast angenehm und er wird sich gerne an uns erinnern.

Man isst miteinander: Produkte aus fairem Handel und umweltschonendem Anbau genießen Vorrang. Meine Sorge für meine Gesundheit und für die meiner Gäste muss sich in der Auswahl der Speisen und Getränke wiederfinden. Respektvoller Umgang mit den Speisen und Getränken spiegelt meine Einstellung der Dankbarkeit. Genussvoll und dankbar miteinander zu essen und zu trinken kann durch ein Tischgebet unterstrichen werden, das den ausgebrachten Toast abschließt.

Wir können eine Menge dazu beitragen, dass sich bei Tisch alle wohlfühlen:

Tischkultur dient auch dem geselligen Miteinander und kann daher je nach Anlass auch von lustigen Themen bestimmt sein.

Miteinander lachen fördert die Gemeinschaft. Es ist allerdings tabu, sich auf Kosten anderer zu amüsieren oder über Abwesende zu spotten.

Es versteht sich von selbst, dass ein Mobiltelefon in der Tischgemeinschaft normalerweise nichts verloren hat, denn wenn jemand der Beschäftigung mit seinem Handy den Vorzug gegenüber den real anwesenden Personen gibt, kann das leicht als Geringschätzung der Tischgemeinschaft aufgefasst werden.

Beschäftigt tun, während der Gast da ist und Aufmerksamkeit wünscht, lässt durchblicken, dass ich falsche Prioritäten setze.

Angefangene Flaschen aufzutischen ist unhöflich. Die Servietten müssen qualitativ gut und passend sein. Sauberkeit in allen Bereichen und Einzelheiten ist Pflicht.

Kritik an servierter Speise, weil sie einem nicht schmeckt, kann den Anwesenden ebenso den Appetit verderben wie die unangebrachte Bemerkung, die den Geschmack des Tischnachbarn bemängelt. Wenn ich z.B. Vegetarier bin, muss ich mich bei Tisch nicht lautstark darüber auslassen, dass ich Fleisch verabscheue. Jeder möge dem anderen das Recht einräumen, einen eigenen Geschmack zu haben und sein Mahl genießen zu dürfen.

Mit einer guten Tischgemeinschaft verträgt es sich nicht, dass bei Tisch üble Stimmung verbreitet wird. Nörgelei über die Bedienung oder gar deren Bloßstellung vor der Tischgesellschaft offenbart, dass ich ein unduldsamer Gast bin.

In einem Gasthaus sind wir alle Gäste. Als christliche Gemeinde darf man die Auswahl des Gasthauses nicht dem Zufall überlassen. Es gibt Gastwirte, die in ihrem Angebot z.B. auch auf Nachhaltigkeit und somit auf die Bewahrung der Schöpfung zielen. Gasthäuser, Restaurants und Herbergen, die von diakonischen oder sonstigen christlichen Trägern betrieben werden, sollte eine Gemeinde naturgemäß gerne fördern.

Es kann vorkommen, dass wir unzufrieden sind. Wenn ich selbst die Lokalität ausgesucht habe, halte ich mich mit lautstarker Kritik besser zurück, denn in erster Linie bin ich selbst verantwortlich, da ich zu wenig Mühe auf die Auswahl verwendet habe. Unzufriedenheit äußert man besser vertraulich gegenüber der zuständigen Person, die somit ohne Gesichtsverlust die Chance hat, sich zu verbessern. Umgekehrt muss ich bei Zufriedenheit nicht mit Lob sparen, das vor allen geäußert werden darf.

Es ist besser, die Tischgemeinschaft von vornherein zeitlich zu begrenzen, anstatt ab einem bestimmten Zeitpunkt gähnend und gelangweilt herumzusitzen, weil man sich nichts mehr zu sagen hat.

Wie gehen wir mit Einladungen und somit einer gastgebenden Person um? In Zeiten schwindender Kirchlichkeit der Gesellschaft darf die Gemeinde dankbar dafür sein, wenn sie bzw. einer ihrer Vertreter zu Privatfeiern (Tauf- und Hochzeitsfeiern, Jubiläen, Geburtstagen usw.) oder zu öffentlichen Veranstaltungen eingeladen wird. Es lohnt sich, Einladungen nach Möglichkeit wahrzunehmen. Eine Einladung anzunehmen ist die andere Seite der Gastfreundschaft und drückt meine Wertschätzung gegenüber dem Gastgeber aus. Wird man als Pfarrer*in zu einer Tauffeier, Hochzeitsfeier oder zu einem Trauercafé eingeladen, so ist es nicht sehr weitsichtig, die Einladung zu ignorieren. Die Teilnahme dient der Mitgliederpflege, eröffnet seelsorgliche Chancen und vermittelt der gastgebenden Person die Gewissheit, dass sie mir wichtig ist.

Lädt ein öffentlicher Gastgeber wie z.B. die Stadt oder ein Verein die Kirche zu einer Veranstaltung ein, so ist es ebenso wichtig, der Einladung Folge zu leisten. Bin ich als Pfarrer*in verhindert, so schicke ich eine Vertretung aus dem Gemeindevorstand. Dies dient nicht nur der Kontaktpflege zu Funktionsträgern des öffentlichen Lebens, sondern fördert auch die kulturelle Vernetzung der Gemeinde, die für alle eine Bereicherung sein kann.

1.7 Besuchsdienst versus Heimsuchung

Biblische Reminiszenz:
»Ich bin krank gewesen und ihr habt mich besucht.«
Matthäus 25,36

Die Besuchskultur unterliegt einem Wandel. Es gab Zeiten, da stellten Hausbesuche durch kirchlich Beauftragte neben ihrer seelsorglichen Funktion auch eine gewisse Sozialkontrolle dar oder wurden so empfunden. In jüngerer Zeit etablierte sich der Hausbesuch dann in erster Linie als Mittel der Mitgliederpflege und Wertschätzung, z.B. an Geburtstagen oder Hochzeitsjubiläen. Dies sind neben dem seelsorglichen Aspekt – man denke etwa an Krankenbesuche – nach wie vor entscheidende Motive der Besuchskultur.

Doch anscheinend befindet sich die Kirche derzeit erneut in einer Umbruchphase. Immer häufiger stehen Besucher*innen vor verschlossener Tür oder erfahren im Vorfeld, dass ein Besuch nicht erwünscht oder »erforderlich« sei. Das bedeutet nicht unbedingt eine Geringschätzung der Gemeinde und ihres Besuchsdienstes. Allerdings gehören die heutigen (auch älteren) Menschen einer Generation an, die an besonderen Ehrentagen nicht nur zu Hause sitzen möchten, sondern aktiv sind. Solange sie mobil sind, sind sie in der großen, weiten Welt unterwegs. Das sich Kümmern um Kranke überlässt man zudem in der hochspezialisierten Gesellschaft weitgehend medizinischem Fachpersonal, sodass man auch den Seelsorgebesuch bei Kranken nicht mehr wie selbstverständlich erwartet.

Das bedeutet nun nicht, dass der Hausbesuch selbst überholt ist. Allerdings muss eine Gemeinde sensibel mit dem Wandel umgehen und ihn respektieren. Es macht keinen Sinn, Bräuche weiterpflegen zu wollen, an denen immer weniger Menschen Gefallen finden. Der Besuch als Beistand, Trost und Begleitung tritt heute zwar eher zurück. Allerdings kann die Gemeinde gerade bei diesem Besuchsmotiv signalisieren, dass sie mit ihrem Besuchsdienst einen Mehrwert anbieten möchte, der außerhalb technisch-medizinischer Hilfe liegt, nämlich Verbundenheit, Empathie und Hilfsbereitschaft in christlicher Perspektive.

Wohin der Wandel auch immer gehen mag: Die wenigen Hauptamtlichen einer Gemeinde können die Menge der Geburtstags- und sonstigen Hausbesuche, wie z.b. die Begrüßung neu Zugezogener, nicht allein bewältigen. Daher ist es sinnvoll, einen Besuchsdienstkreis aus Ehrenamtlichen, Freiwilligen einzurichten. Das fördert die Begegnung zwischen Menschen und lässt den Einzelnen wissen: »Wir nehmen uns für dich Zeit.«

Wer ist geeignet für einen Besuchsdienstkreis? Sicher gibt es Menschen, die von Natur aus sensibler und einfühlsamer als andere sind, auch die passenden Umgangsformen und ein Gespür für die angemessene Balance von Nähe und Distanz haben. Aber das ist eben nicht bei allen der Fall. Daher muss die Auswahl derjenigen, die beim Besuchsdienst mitmachen, äußerst sorgfältig erfolgen.

Trifft man bei der Auswahl der Mitarbeitenden des Besuchsdienstkreises die falsche Entscheidung, kann man der Gemeinde großen Schaden zufügen, da aus dem Besuch für den Besuchten eine »Heimsuchung« wird. Es ist daher keinesfalls selbstverständlich, dass man Personen aus dem Gemeindevorstand dafür auswählt in der Meinung, diese würden ja schließlich die Gemeinde repräsentieren. Nicht nur, dass sie ja oft mit anderen Aufgaben ausgelastet sind. Die Mitgliedschaft im Gemeindevorstand sagt darüber hinaus nicht unbedingt etwas über menschliche Qualitäten und soziale Kompetenzen aus, die gerade für den Besuchsdienst so wichtig sind.

Hat man einen Kreis in Frage kommender Personen durch persönliche Ansprache und ein Vorgespräch unter vier Augen gefunden, so sind Vorbereitung und Ausbildung des Besuchsdienstkreises äußerst wichtig. Es reicht nicht, den Mitgliedern des Besuchsdienstkreises die Geburtstagsheftchen in die Hand zu drücken und sie einfach auf den Weg zum Jubilar zu schicken. Die Dienste der evangelischen Landeskirchen bieten Seminare für Besuchsdienstkreise an, in denen diese angemessene Tipps rund um Hausbesuche bekommen. Auch der Erfahrungsaustausch bringt viel. Unerfahrene Menschen können in viele Fallen und Fettnäpfchen treten, ohne dass sie es merken, zum Schaden für die Gemeinde und zum Schrecken für den Besuchten bzw. Heimgesuchten.

Ein paar Empfehlungen für den Besuchsdienst seien hier aufgezählt:

• Man sollte wissen, wann man kommt, und – genauso wichtig – wann man wieder geht! Es gibt ungeeignete Besuchszeiten, z.B. Essenszeiten oder typische Familienzeiten wie Nachmittagskaffee oder Abendbrotzeit.
• Ob man sich zum Besuch telefonisch anmeldet, kann man von örtlich akzeptierten Gepflogenheiten und der speziellen Situation abhängig machen. Im Zweifel ruft man spätestens am Vortag an.
• Zeit mitbringen bedeutet nicht, dass ich unbedingt eine Stunde bleiben muss. Für Hochaltrige oder Kranke kann ein Besuch, der länger als 15 Minuten dauert, bereits anstrengend sein, während sie sich über einen Kurzbesuch vielleicht sehr freuen. Andererseits ist es aber auch unangemessen und ge-

ringschätzend, gehetzt und in Eile »nur auf einen Sprung« vorbeizukommen.

- Die Gesprächsführung und die Gesprächskultur sollten geübt werden. Wenn ich einen gebildeten Jubilar besuche, sollte ich sprachlich und intellektuell in der Lage sein, auf seine Interessen einzugehen und ihm auf Augenhöhe zu antworten. In Rollenspielen auf Seminaren kann man Konversation und auch Gesprächsführung üben. Auch sinnvolles Schweigen will übrigens erspürt werden, wenn es die Situation erfordert.

- **Im Mittelpunkt des Besuchs und Gesprächs steht stets der Besuchte.** Zuhören und heraushören, was ihm wichtig ist, ist die Grundlage des Gesprächs. Er selbst bestimmt die Themen der Konversation. Neugier verbietet sich und ist zu unterscheiden von echtem Interesse. Genauso sind Flüstergespräche unter Gästen oder thematisch unpassende Inhalte, die den Besuchten völlig ausblenden, tabu. Ich erlebe es immer wieder, dass Gratulanten aus dem öffentlichen Leben nach wenigen Minuten anfangen, sich untereinander über Kommunalpolitik zu unterhalten, und die Person, zu deren Ehrentag wir uns versammelt haben, vollkommen aus dem Blick gerät.

- Das Präsent oder das Mitbringsel für den Besuchten sollte geeignet sein. Keine Kerzen an alleinstehende alte Menschen verschenken oder gar ins Altersheim bringen, so symbolträchtig sie auch sind! Denn offenes Licht ist in öffentlichen Einrichtungen in der Regel verboten und speziell in Seniorenhaushalten gefährlich. Die Folge wird sein, dass das Heimpersonal oder Familienangehörige dem Besuchten das Geschenk wegnehmen (müssen!).

- Auch in Zeiten von Sparmaßnahmen sind Billigpräsente, denen man dies ansieht, unentschuldbar. Der persönliche Charakter und die liebevolle Auswahl des Geschenks können den fehlenden materiellen Wert mehr als ausgleichen, sollten dann aber auch erkennbar sein.

- Wie gehe ich mit einer Geldspende um, die mir der Besuchte bei meinem Besuch anvertraut? Im Seniorenheim sind auf jeden Fall die Leitung oder eventuell auch Angehörige darüber zu informieren, bevor ich mit dem Geld das Haus verlasse. Es kann nämlich passieren, dass z.B. ein teildementer Heimbewohner am nächsten Tag nicht mehr weiß, wo die 20 €, die er gestern gespendet hat, abgeblieben sind. Möglicherweise fühlt er sich bestohlen. Die Hausleitung kann mir kompetente Auskunft geben, ob Bedenken bestehen oder nicht, eine Geldspende anzunehmen. Dass auch hier auf jede Spende zeitnah ein Dankesschreiben inkl. Spendenbescheinigung zugesandt wird, ist selbstredend.

- Eiferndes missionarisches Auftreten kann für Besuchte nervend, peinlich und abschreckend sein. Sie sollen dagegen spüren: Ich bin meiner Gemeinde als Mensch wichtig und werde nicht als defizitäres Missionsobjekt betrachtet.

- Wie verabschiede ich mich richtig? Man verabschiedet sich in der Regel auch in einer größeren Gesellschaft persönlich von der gastgebenden Person und geht nicht klammheimlich, auch wenn Letzteres in manchen Gesellschaften verbreitet ist, weshalb man ja auch vom »polnischen Abgang« bzw. der »französischen Empfehlung« spricht. Bitte keinen formelhaften Unsinn wie »Meine Frau wartet mit dem Essen« reden oder Termindruck vorgeben! Verräterische Bemerkungen wie »Ich muss noch weiter zu einem weiteren Geburtstag« offenbaren, dass ich den Besuch als lästige Pflichterfüllung betrachte und die Besuchszeit nicht sinnvoll investiert sehe. Ich bedanke mich freundlich für die Gastfreundschaft und wünsche dem Besuchten eine gute Zeit.

- Spezielle Besuche wie z.b. Nachbesuche bei Trauerfällen erfordern besonderes Fingerspitzengefühl und sollten nur von Personen gemacht werden, die bereit sind, sich in diesem Bereich zu qualifizieren.

Mitarbeitende des Besuchsdienstes sollten auch kompetent über zu erwartende Fragen Auskunft geben können. Das bedeutet zum einen, dass sie die Gemeinde und ihre Angebote gut kennen müssen. Zum anderen müssen aber auch Fragen zu weitergehender Hilfe beantwortet werden können, z.b. sollten die Dienstleistungen der örtlichen Pflege- und Sozialdienstleister bekannt sein, ebenso können Hospizdienste ein mögliches Thema etwa beim Besuch Schwerstkranker sein.

Der regelmäßige Erfahrungsaustausch ist wichtig. Im Besuchsdienstkreis muss regelmäßig, am besten unter fachlicher Anleitung, ein Austausch über positive und negative Erfahrungen möglich sein. Die kirchlichen Dienste bieten geeignete Supervisoren an. Zweimal im Jahr ist ausreichend; dann muss man sich aber auch Zeit dafür nehmen. Ein gemeindeübergreifender Austausch ist übrigens bereichernd.

Besuchskultur ist entwicklungsoffen. Warum nicht Hausbesuche anbieten, die über die Anlässe von Geburtstagen und Zuzug hinausgehen? Ich habe in meiner ersten Gemeinde als Pfarrer jährlich alle Eltern besucht, die ihr Kind zum Konfirmandenunterricht angemeldet haben. Warum nicht einen Hausbesuch anlässlich eines Arbeitsplatzwechsels, des Eintritts in den Ruhestand oder der Fertigstellung des Eigenheims anbieten? Und schließlich: Man kann auch virtuelle Hausbesuche anbieten: per Videocall oder Zweierkonferenz.

1.8 Begrüßung Zugezogener – Menschen wahrnehmen

Biblische Reminiszenz:
»Ich bin ein Fremder gewesen und
ihr habt mich aufgenommen.«
Matthäus 25,35

Menschen suchen sich heute oft selbst aus, welcher Gemeinde sie angehören wollen, da sie zum einen mobil sind und zum anderen nicht mehr selbstverständlich in eine bestimmte Gemeinde hineinwachsen. Herkömmliche Kirchengemeinden gehen grundsätzlich nach dem sogenannten Parochialprinzip. Eine Parochie ist die räumlich umgrenzte und so definierte Gemeinde, z.b. eines bestimmten Stadtteils. Daraus ergibt sich für die aufgrund des Parochialprinzips räumlich »zuständige« Gemeinde die Chance, einen neu Zugezogenen zeitnah für die eigene Gemeinde zu interessieren.

Neu Zugezogene fühlen sich wertgeschätzt, wenn man sie als solche wahrnimmt. Manche sind noch »orientierungslos«, ohne Freundeskreis oder fühlen sich vielleicht sogar einsam. Sie sind somit leider auch anfällig für hausierende, von Haustür zu Haustür gehende Vertreter*innen allerlei Weltanschauungen, von denen sich die feste örtliche Gemeinde, die Parochie, durch ihre dauerhafte Präsenz, Transparenz und Bekanntheit positiv abhebt. Wer neu in das Gebiet der Gemeinde gezogen ist, sollte daher zeitnah freundlich und unaufdringlich, persönlich oder schriftlich, kontaktiert werden. Es kommt gut an, wenn eine Gemeinde ihre ehrliche Freude darüber zum Ausdruck bringt, neue Mitglieder kennenlernen zu dürfen. Floskeln und Allerweltsbriefe enttäuschen hingegen eher. Der neu zu Begrüßende darf daher ruhig merken, dass sich seine neue Gemeinde etwas Besonderes ausgedacht hat, um ihn willkommen zu heißen.

Im Zeitalter elektronischer Kommunikation wirkt ein brieflicher Gruß aus echtem Papier besonders persönlich und wertschätzend. Auch wenn es in der Gemeinde einen Besuchsdienstkreis gibt, der die Begrüßung neu Zugezogener in Form eines persönlichen Besuchs übernimmt, schreibe ich als Pfarrer, evtl. auch im Namen des Gemeindevorstands, zunächst einen Begrüßungsbrief. Das Papier sollte auf keinen Fall ein weißes 80g-Standardpapier sein. Es gibt im Fachhandel ansprechend gestaltete, wertigere Papiere, die dem Adressaten aufgrund ihrer höheren Qualität mehr Wertschätzung entgegenbringen. Das Gleiche gilt im Blick auf den Briefumschlag. Er wird nach Qualität und Farbe dem sorgfältig ausgewählten Briefpapier entsprechend ausgesucht. Bitte keine Fensterumschläge verwenden! Sie wirken sehr behördlich und riechen nach rationalisierter Massenabfertigung, erreichen somit das genaue Gegenteil von persönlicher Ansprache. Dass neu Zugezogene in ihrem Begrüßungsbrief persönlich mit Namen angeredet werden, dass Mixformen in der Anrede wie »Sehr geehrte/r Frau/Herr« zu vermeiden sind und ich als Pfarrer den Brief persönlich und lesbar unterschreibe, versteht sich von selbst. Legt man dem Begrüßungsbrief noch ein Lesezeichen mit einem sorgfältig ausgesuchten Motiv bei, wird das neue Gemeindemitglied noch länger an den netten Gruß seiner neuen Gemeinde erinnert.

Natürlich kann man anstelle eines Briefs auch eine Kurzbegrüßung in Form einer Postkarte wählen. Man mag auf den ersten Blick darüber schmunzeln, aber gerade das ist der Clou: Die aus der Mode gekommene Postkarte kann nämlich genau deshalb originell wirken, vorausgesetzt, sie kommt nicht altbacken daher. Und Achtung: Postkarten neigen zur Vergilbung, vor allem an den

Rändern sieht man schnell Lagerspuren. Also stets druckfrische Postkarten verwenden, was man dadurch sicherstellen kann, dass man keine zu großen Mengen auf einmal anschafft. Das Motiv sollte natürlich gefällig sein. Es kann z.b. die eigene Kirche darstellen. Wiederum ist Sorgfalt geboten: Bitte keine Postkarten mit alten Ortsansichten verwenden. Sie lassen unnötigerweise die Rückwärtsgewandtheit der Gemeinde vermuten und sind für neu Zugezogene gänzlich uninteressant.

Wenn ich als Briefmarke eine Wohlfahrtsbriefmarke mit Wertzuschlag verwende, deutet dies auf das soziale Engagement der Gemeinde hin. Hat man keine zur Hand, so sollte es jedenfalls eine Briefmarke mit bewusst ausgesuchtem Motiv sein, nicht nur ein maschineller Wertaufdruck.

Die Begrüßung der neu Zugezogenen erfolgt zeitnah, sobald man von dem Zuzug Kenntnis gewonnen hat. Wenn die Kirche ganz am Schluss kommt, nachdem der neu Zugezogene schon zahlreiche andere Kontakte geknüpft hat, verpasst sie Chancen und lässt nebenbei durchblicken, wie lahm sie arbeitet.

In dem Begrüßungsschreiben kann natürlich das Angebot eröffnet werden, sich bei einem persönlichen Besuch näher kennenzulernen. Es können Angebote für Familien und Kinder erwähnt oder einfach der aktuelle Gemeinde- bzw. Pfarrbrief beigelegt werden, indem alles Wichtige wie z.b. Veranstaltungen zu finden ist. Natürlich sind alle Kontaktdaten zu erwähnen, einschließlich der Homepage der Gemeinde.

Die Idee, die neu Zugezogenen gemeinsam zu einem Brunch oder Ähnlichem einzuladen, z.b. immer am Anfang eines neuen Jahres, hat sich mancherorts bewährt. Doch auch der ansprechend gestaltete schriftliche Gruß mit einem Gesprächsangebot trägt schon das Seine dazu bei, dass sich der »Neue« in seiner neuen Gemeinde wahrgenommen fühlt.

1.9 Sich kümmern –
Aber nicht »erdrücken«!

Biblische Reminiszenz:
»Ein Samariter aber, der auf der Reise war, kam dahin;
und als er ihn sah, jammerte es ihn; und er ging zu ihm,
goss Öl und Wein auf seine Wunden und verband
sie ihm, hob ihn auf sein Tier und brachte ihn in
eine Herberge und pflegte ihn.«
Lukas 10,33-34

Es ist ein urchristlicher Auftrag, sich um Menschen zu kümmern, die Hilfe brauchen. Es wird daher immer ein wesentliches Lebensmerkmal einer Gemeinde sein, dass sie für Hilfebedürftige da ist. Das helfende, diakonische oder caritative Handeln gehört zu den Wesensmerkmalen einer christlichen Gemeinde. Es ist dabei weder möglich noch notwendig, dass jede Gemeinde eine breite Palette eigener Hilfsangebote aufbaut. Daher bieten sich die gemeindebezogene Kooperation und Vernetzung mit der professionellen Diakonie und Caritas, aber auch mit anderen helfenden Organisationen an.

Wichtig ist, dass man Hilfesuchenden stets einen Schritt weiterhelfen kann. Oftmals wissen sie einfach nicht, an wen sie sich wenden können. Wenn man in der Gemeinde selbst nicht die erforderliche Hilfestellung anbieten kann, ist es wichtig, den Hilfesuchenden an die richtige Stelle verweisen zu können. Daher: Wissen, wer für welche Probleme zuständig ist, Beratungsstellen und Ansprechpersonen mit ihren Kontaktdaten kennen, staatliche und nichtstaatliche Hilfsangebote benennen und weitersagen, das ist die Unterstützung, die jede Gemeinde leisten kann.

Es ist sinnvoll zu klären, wer in der Gemeinde hauptsächliche Ansprechperson ist, die sich besonders gut auskennt, und auch entsprechende Handreichungen vorzuhalten. Ein gutes Ergebnis ist es, wenn Hilfesuchende das berechtigte Gefühl haben, dass ihnen ein Stück weitergeholfen wurde.

In der von Jesus erzählten Geschichte vom Barmherzigen Samariter ist es nicht einmal ein Gemeindemitglied, das hilft, sondern die allgemeinmenschliche Pflicht und das menschliche Mitgefühl. Sie bewegen den Samariter dazu, dem Fremden zu helfen. In der christlichen Gemeinde wird Hilfe für Hilfebedürftige, auch für völlig Fremde, integraler Bestandteil des Gemeindelebens sein, denn Helfen ist die praktische Seite des christlichen Glaubens.[15]

Helfen ja, aber: bitte Menschen nicht erdrücken mit »Liebe«, nach der sie nicht gefragt haben. Das Helfersyndrom äußert sich darin, dass der Helfende sich nur noch über seine Rolle als Helfer definiert und die Hilfesuchenden letztlich zu Objekten seiner eigenen Zwänge macht. Hilfesuchende dürfen aber nicht Objekte meiner »Liebe« sein. Vielmehr ist mein Gegenüber derjenige, der signalisiert, was er möchte und was nicht. Einfühlungsvermögen ist wichtig. Es zeigt mir Grenzen und Respekt gegenüber dem anderen auf und hält mich davon ab, aufdringlich zu »helfen«.

Eine andere Gefahr ist, dass Armut und sonstige Hilfsbedürftigkeit quasi gepflegt werden: Man hat sich z.B. an die Menschen, die zur Tafel gehen, einfach gewöhnt und einige von ihnen haben unter Umständen auch nicht die Absicht, ihr Leben zu ändern, weil es ja irgendwie »läuft«. Nachhaltige Hilfe zielt jedoch darauf ab, den Hilfesuchenden dazu zu befähigen, früher oder später und soweit wie möglich wieder für sich selbst sorgen zu können, kurz: wieder auf die Beine zu kommen. So verhält es sich auch in der Geschichte vom Barmherzigen Samariter: Der Hilfesuchende erhält eine Zeit lang pflegende Unterstützung und sogar finanzielle Entlastung, wird dann aber wieder in ein selbstständiges Leben entlassen. Diese schlussendliche Befähigung, sich um sein Leben eigenständig kümmern zu können, stellt auch seine Würde wieder her. Übrigens hat diese Geschichte auch ein hohes pädagogisches Potenzial, wenn man Kinder zu hilfsbereiten Menschen erziehen bzw. ihre bereits bestehende Hilfsbereitschaft festigen möchte. **Eine christliche Gemeinde lässt Bedürftige an ihren Gemeindemitteln Anteil haben.** Das kann eine kleine Soforthilfe in Form eines Essensgutscheins sein, eine regelmäßige Suppenküche für Obdachlose oder eine tafelähnliche Unterstützung, wo Menschen wöchentlich eine Versorgung mit Lebensmitteln zuteil wird. Eine Letztere richteten in unserer Gemeinde vor Jahren engagierte Mitglieder ein. Es zeigt sich dabei: Unser wahrer Schatz sind die hilfsbereiten Menschen, die gerne für andere da sind. Das verständnisvolle Gespräch und die Anteilnahme an der Notsituation des Einzelnen sind neben der materiellen Hilfe ein Teil unseres Profils, das uns von einer anonymen »amtlichen« Hilfe positiv abhebt. Was aber besonders wertvoll ist: Hilfebedürftige helfen jetzt sich selbst und sogar noch anderen Hilfesuchenden, indem sie teilweise selbst zu Mitarbeitenden geworden sind.

Neben den Armen und Kranken sollte der Blick auch auf die Menschen mit Handicap gerichtet sein. Inklusion ist die logische Folge des christlichen Menschenbildes. Das stete Bemühen sollte sein, allen Menschen Teilhabe an der Gemeinde zu ermöglichen. Hat nicht Jesus Ausgegrenzte, Gelähmte und Blinde zurück ins Leben geholt, auch wenn es in der Intention und Aussage dieser Geschichten natürlich um weitaus mehr geht als um körperliche Mängel!

Barrieren in der Gemeinde sollten abgebaut werden, egal ob es sich um sprachliche, visuelle, akustische, bauliche oder sonstige Barrieren handelt. Alle Menschen sollten sich willkommen, wahrgenommen, gleichbehandelt und ernst genommen fühlen. Bei jedem Projekt, jedem Angebot, vom Gottesdienst bis hin zu Bausachen, wird daher die Frage der Barrierefreiheit steter Begleiter der Planung und Durchführung sein. Sie werden staunen, wie viele Lösungen sich kurzfristig und ohne große Kosten und Mühen umsetzen lassen! Denn oft sind es Kleinigkeiten: Eine mobile Rampe vor einer sonst für Rollstuhlfahrer unüberwindbaren Stufe, eine Optimierung der Lautsprecheranlage, lesefreundliche Druckbilder bei Printmedien, klare Hinweisschilder usw. Andere Anpassungen brauchen mehr Zeit, dürfen aber dennoch nicht auf die lange Bank geschoben werden. Übrigens ist z.B. auch bei Wahlen zum Gemeindevorstand darauf zu achten, dass Menschen mit Beeinträchtigungen, Personen, die das Haus nicht verlassen können, auch psychisch Kranke, überhaupt Menschen, die Hilfestellung brauchen, diese tatsächlich erhalten, damit sie nicht um ihre Stimme gebracht werden. Sich mit den betroffenen Menschen, ihren Familien oder den Einrichtungen, in denen sie leben, in Verbindung setzen und Hilfe anbieten, das ist dabei ein wichtiger Schritt. Es dürfte ein großer Gewinn für die Gemeinde sein, wenn ein Mensch mit Handicap Mitglied im Gemeindevorstand ist. Denn er hat noch einmal einen anderen Blick auf das Gemeindeleben und kann seine Erfahrungen einbringen.

Die Kleinsten in der Gemeinde brauchen besondere Aufmerksamkeit. Die Gemeinde sollte alles tun, um sie zu schützen (Kinderschutz) und sie zu mündigen Christen zu erziehen, die auch als Erwachsene aus Überzeugung Christen bleiben. Angebote für Kinder, Familien und Eltern gehören zum diakonischen Profil und stehen ganz oben auf der Liste der Gemeindearbeit. Gehört zu einer Gemeinde eine Kindertagesstätte, so wird diese einen großen Teil dieser wichtigen Arbeit übernehmen. Auch die anderen Gemeindekreise können sich an den vielfältigen Ideen und Angeboten der Kitas einiges abschauen, z.B. Vater-Kind- oder Opa-Kind-Tage anbieten, wo Väter oder Großeltern ihre Kinder und Enkel in einem anderen Kontext wahrnehmen und umgekehrt. So kann eine Vernetzung von Kindertagesstätte und Gemeinde stattfinden, die sich darüber hinaus in Familiengottesdiensten und in pädagogisch verankerten Begegnungen zwischen Kita-Kindern und der Gemeinde und in ihrem öffentlichen Leben spiegelt (Begegnungen mit Förster, Zahnarzt, Altenheim usw.).

Übrigens hat jedes hilfebedürftige Geschöpf, das Schmerz und Leid empfinden kann, also auch Tiere, ein Recht auf Hilfe. Das sollte für eine christliche Gemeinde, die sich in die Vielfalt von Gottes Schöpfung eingebunden weiß, selbstverständlich sein. Zu oft gerät uns die praktische Hilfe für Tiere aus den Augen. Einen Gottesdienst auch mal im Tierheim zu feiern, kann gerade darauf das Augenmerk richten. Das Engagement im Bereich Tierschutz wird damit gewürdigt und das Tier als Mitgeschöpf ins Bewusstsein der Menschen gerufen. Als ich einen Scheunengottesdienst mit allerlei Tieren, die von ihren »Herrchen« und »Frauchen« mitgebracht werden durften, feierte, wurde mir klar, wie dankbar gerade tierliebende Menschen dafür sind, dass ihre tierischen Freunde nicht vergessen werden. In den jährlichen Kollektenplänen im Gottesdienst haben Tiere leider noch keinen festen Platz gefunden. Da sie aber zu den schwächsten Geschöpfen gehören, hätten sie darauf durchaus ein Recht. Warum nicht einmal im Gemeinde- oder Pfarrbrief eine Reihe »Mein Haustier und was es mir bedeutet« starten!

Ist der Fokus der Gemeinde wesentlich auf die Hilfebedürftigen, Schwachen und Benachteiligten gerichtet, so ist es doch auch eine Gemeindeaufgabe, Talente zu fördern. Die Gemeinde bietet einen Raum im mehrfachen Sinne des Wortes, wo Menschen sich ausprobieren können. Damit trägt sie ihrem Bewusstsein davon Rechnung, dass die unterschiedlichen Gaben und Talente ihrer Gemeindemitglieder einen Schatz, ein Geschenk und einen Reichtum darstellen. Sie stellt daher Mittel zur Aus- und Fortbildung von Gemeindegliedern im Bereich Jugendarbeit und Kirchenmusik zur Verfügung oder hilft, diese zu generieren, und engagiert sich in der Erwachsenenbildung usw. Sie zeigt damit, dass sie ihre Möglichkeiten auch dazu nutzt, Menschen in allen Lebensphasen im Blick auf ihre Gaben zu würdigen und zu fördern. Das ist ein wesentlicher Beitrag zur Gemeindeentwicklung.

Und wie geht die Gemeinde mit Menschen fortgeschrittenen Alters um? Früher schlug sich Seniorenarbeit und die Wertschätzung alter Menschen darin nieder, als Pfarrer*in in der Gemeinde auf »Seniorennachmittage« zu gehen und ein Grußwort zu sprechen. Mancherorts mag dies auch heute noch ein bewährter Baustein der Seniorenarbeit sein. Doch hat sich die Lebensführung der älteren Menschen verändert. Sie sind heute oft sehr aktiv, rüstig und an Mitgestaltung interessiert. Sie wollen und können mit Verantwortung übernehmen. Sie gründen neue Vereine oder bringen Initiativen in Gang. Sie wollen nicht zum »alten Eisen« gehören. Wertschätzung von Menschen im Lebensabend drückt sich daher heute darin aus, deren Aktivität, Ideen und Leistungen zu respektieren, zu fördern und aufzugreifen. Es ist daher wichtig, dass die Gemeinde auf heutige Senior*innen abgestimmte Anknüpfungsmöglichkeiten entwickelt, die die Lebenserfahrung, das Interesse und das Potenzial der »Alten« neu entdeckt. Eigene Projekte starten, kreativ die Themen der Zeit aufgreifen und dabei die älteren Menschen nicht als Zuschauer*innen behandeln, sondern als aktiv Mitwirkende, das geht vom Bereich der Erwachsenenbildung bis hin zur Musik. Die Gemeinde moderiert und setzt Impulse, aber sie »versorgt« nicht einfach. Tipp: Schauen Sie sich die älteren Gemeindeglieder Ihrer Gemeinde einmal genau an (Berufs- und Lebenserfahrung, Hobbys, Talente) und Sie werden spannende Potenziale entdecken!

1.10 Sonntagskultur und Feiertagspflege

Biblische Reminiszenz:
»Und als der Sabbat vergangen war, kauften Maria
Magdalena und Maria, die Mutter des Jakobus, und
Salome wohlriechende Öle, um hinzugehen und ihn
zu salben. Und sie kamen zum Grab am ersten Tag der
Woche, sehr früh, als die Sonne aufging.«
Markus 16,1-2

In einer Gesellschaft, in der von christlichem Leben nicht viel übrig ist, ist der Sonntag zu einem Teil des »Wochenendes« geworden. Man wünscht sich heute gegenseitig »ein schönes Wochenende« und in der Arbeitswelt ist der Sonntag zum Ende der Woche geworden. Darin spiegelt sich zwar einerseits die biblische Tradition der Schöpfungswoche, an deren 7. Tag Gott ruhte. Der Sonntag ist aus christlicher Sicht aber weniger das Ende als vielmehr der Anfang der neuen Woche, für die Gott als Anfangspunkt seinen Segen spendet. Der Ursprung dieses so verstandenen Sonntags ist die Feier der Auferstehung Jesu Christi. Christen müssten sich daher gegenseitig eher einen »gesegneten Sonntag« oder eine »gesegnete Woche« wünschen. Das ist etwas anderes als ein »schönes Wochenende«.

Eine christliche Gemeinde, die die Sonntagskultur nicht pflegt, macht sich unglaubwürdig. Denn der Sonntag ist als Tag der Auferstehungsfeier Jesu Christi ein Ur-Datum christlichen Glaubens. Er strukturiert unsere Woche(n), schenkt uns als Ruhetag Zeit für uns und für unsere Familien, er lässt uns neue Kraft finden und fördert so unsere seelische Balance und unsere körperliche

Gesundheit. Den Sonntag »pflegen« heißt dabei nicht: »statisch erhalten«, sondern ihn durchaus entwicklungsoffen gestalten. **Der Sonntag bleibt der beste Tag für Gottesdienste.** Er ist einfach kein Tag wie jeder andere. Der Sonntag gehört zu den Alleinstellungsmerkmalen der christlichen Religion, er lässt die christliche Gemeinde als solche erkennbar bleiben und ist ein Teil ihres Profils in der großen Welt der Glaubensrichtungen. Wer den Sonntag preisgibt, verliert ein Wesensmerkmal der Gemeinde. Auch wenn es Sinn macht, je nach örtlicher Gegebenheit auch an anderen Tagen Gottesdienste zu feiern, so kann der Sonntag doch durch keinen anderen Tag aufgewogen werden.

Der Sonntag als Ruhetag trägt zudem zur Wertschätzung menschlicher Arbeit und zum Erhalt unserer Würde bei. Ist es also nicht widersprüchlich, wenn eine Gemeinde am Sonntag alle möglichen Dienstleister in Anspruch nimmt, ohne sich Gedanken darüber zu machen, dass sie dadurch die Sonntagskultur untergräbt? Die verbreitete Erwartung, dass ich für das Gemeindefest am Sonntag frische Brötchen vom Bäcker geliefert bekomme oder andere Gewerbe für mich zur Verfügung stehen, zeigt das nicht, dass meine Gemeinde die Sonntagsruhe in unnötiger Weise verletzt? Das Gemeindefest kann wie alle Veranstaltungen der Gemeinde so organisiert und gelegt werden, dass die Wertschätzung des Sonntags gewährleistet bleibt.

Übrigens zielt die Bibel mit dem Gebot des Ruhetags nicht nur auf die Rekreation des Menschen, sondern ausdrücklich auch auf die Schonung der Tierwelt und gönnt gerade auch den Tieren Ruhe. Dabei sind im biblischen Ruhetagsgebot vor allem die sog. »Nutztiere« (mit Recht wird dieser Begriff heute kritisch hinterfragt), die für den Menschen da sind, gemeint. Das Gebot darf aber auch auf die Schöpfung insgesamt ausgedehnt werden, die ein Recht auf Ruhe vor der Geschäftigkeit des Menschen hat.

Ebenso wäre die Intention verfehlt, wenn man zwar selbst ruht, aber gedankenlos andere für sich arbeiten lässt. Alle haben ein Recht auf eine Ruhephase, Menschen und Tiere (2. Mose 20,8-10). Es handelt sich somit um eine uralte Einsicht: Leben braucht Maß und Schonung.

Am Sonntag berufliche Emails zu verschicken oder dienstliche Anrufe zu tätigen, sollte nicht normal sein, da dies alle Tage nivelliert. Die Feststellung »Ohne Sonntag gibt es nur noch Werktage!« trifft den Punkt. Dienstliche Gespräche – oder gar Sitzungen – vor oder nach dem Sonntagsgottesdienst, womöglich noch im Kirchenraum, zu führen, fördert nicht gerade den Wert des Sonntags zur seelischen Erbauung. Den Pfarrer oder die Pfarrerin auf dienstliche Belange anzusprechen, während er oder sie sich in einigen Momenten der Besinnung auf den Gottesdienst vorbereiten möchte, oder auch nachdem er oder sie den Besucher*innen beim Abschied einen gesegneten Sonntag gewünscht hat, lässt Feinfühligkeit vermissen und ignoriert die Sonntagsruhe. Es gibt nur sehr wenige Dinge, die nicht bis zum nächsten Werktag warten können.

Es ist im Bildungsbereich leider eine sich ausbreitende Gewohnheit geworden, am Wochenende einschließlich Sonntag Seminare und Fortbildungen anzubieten sowie Prüfungstermine z.B. an Hochschulen anzusetzen. Dies sollte für einen christlichen Träger aber tabu sein. Er verletzt damit das wertvolle Gut der Sonntagsruhe und setzt die Menschen schädlicher Überbeanspruchung aus, indem er ihnen die notwendigen Erholungsphasen raubt. Gegen ein Kreativangebot für Kinder zur Stärkung des sozialen Miteinanders, eine geistliche Rüstzeit oder eine Veranstaltung, die der Erholung und der zwanglosen Begegnung dient, spricht aber auch am Sonntag nichts. Denn die Gemeinde soll auch am Sonntag sichtbar sein.

Jesus selbst wandte sich gegen eine dogmatisierte Erstarrung des Ruhetags (vgl. Markus 2,27). Die Frage, welche Berufsgruppen am Sonntag arbeiten dürfen und welche nicht, ist allerdings schlüpfrig. Die Kategorisierung in »notwendig« und »verzichtbar«, in »systemrelevant« und »systemirrelevant« kann diskriminierend und anmaßend sein. Jeder mündige Christ sollte vielmehr für sich selbst entscheiden, was er am Sonntag in Anspruch nehmen möchte und was nicht, und dies in seinem praktischen Leben zum Ausdruck bringen. Das Gleiche gilt für die Frage, für was und wann ich am Sonntag meine Arbeitskraft zur Verfügung stellen möchte und für was nicht. Und auch: Möchte ich wirklich Veranstaltungen fördern oder besuchen, die parallel zum Gottesdienst liegen? Wenn eine ausreichend große Zahl von Menschen sich überlegt, wo ihre Prioritäten sind, kann ein Wandel hin zu einer neuen Würdigung des christlichen Sonn- und Feiertags in Gang gesetzt werden. Es lohnt sich, einmal Papier und Bleistift in die Hand zu nehmen und zu notieren, von wem ich alles erwarte, dass er am Sonntag für mich arbeitet, angefangen vom Zeitungsboten am Morgen über den Tankstellenbetreiber am Nachmittag bis hin zur Reinigungskraft in der Gaststätte am Abend. Dies kann der erste Schritt zum Umdenken sein.

Was für den Sonntag gilt, besitzt analog für alle christlichen Feiertage Gültigkeit. Wenn selbst Christen ihre Feiertage nicht mehr ernst nehmen und ihnen ihre Seele rauben, ist das der erste Schritt auch zur gesetzlichen Abschaffung. Nicht nur den Buß- und Bettag traf dieses Schicksal. Ich kann mich noch gut an jenen Tag im Jahr 1997 erinnern, als ich zur Abstimmung des Volksbegehrens zur Wiedereinführung des Buß- und Bettags als gesetzlichen Feiertag in Rheinland-Pfalz ging. Ich dachte zuerst, ich sei hier falsch, da außer mir niemand da war. Das Ergebnis der fast totalen Interesselosigkeit auch der Christen an diesem ehemaligen gesetzlichen Feiertag führte zu seinem dauerhaften Verschwinden fast überall in Deutschland. Er war zugunsten der Finanzierung des Arbeitgeberanteils der Pflegeversicherung geopfert worden. Gedankt wurde es den Christen nie. Der wirtschaftliche Sinn der Abschaffung ist nach wie vor fragwürdig. Schuld waren die Christen allerdings selbst, weil sie selbst diesen Tag schon lange aus ihrem Leben abgeschafft hatten.

Dass der Pfingstmontag und weitere Feiertage im gesellschaftlichen Diskurs immer wieder zur Disposition stehen, wirtschaftlichen und ideologischen Interessen geopfert werden sollen, ist wesentlich die Folge davon, dass selbst Christen nur mit den Schultern zucken, wenn man sie nach der Bedeutung ihrer eigenen Tradition fragt. Dabei gibt es so viele Möglichkeiten, die Feiertage immer wieder mit anderen Botschaften zu füllen, die nie veralten. Wenn man Pfingsten mit »Aufbruch«, den Buß- und Bettag mit »Versöhnung« und den Reformationstag mit »Steh auf!« oder »Aufrecht bleiben!« übersetzt und mit entsprechenden aktuellen Inhalten füllt, wird man unschwer Anknüpfungspunkte an das finden, was Menschen heute bewegt.

Wie aber könnte man den Sonn- und Feiertag nun konkret inhaltlich füllen? Martin Luther, der kein Blatt vor den Mund nahm, klagte vor 500 Jahren darüber, dass an sinnentleerten Feiertagen bei den Christen nur noch das »Saufen, Spielen, Müßiggang und allerlei Sünde« auf dem Programm stünden.[16] Der Sonntag unserer Zeit bewegt sich zwischen den Extremen quälender Langeweile und absurder, weil anstrengender Überfrachtung mit Events. Beides wird dem Sonntag nicht gerecht. Versuchen wir als Christen doch, dem Sonn- und Feiertag ein neues Profil zu geben, ohne dass es zu einem Revival des einengenden, spießbürgerlichen Sonntagsprogramms früherer Zeiten kommt! Noch einmal: Der

Sonntag muss keinen statischen Regeln folgen, sondern ist offen für Entwicklung und Entdeckungen.

Ich gebe nur eine Anregung: Suche dir zu dem ein oder anderen Sonntag ein christliches Thema und setze es am Sonntag um, ähnlich wie jeder Gottesdienst unter einem anderen Leitmotiv steht! Das Thema darf sich auch wiederholen oder sich über mehrere Sonntage ausdehnen.

Beispiele:

Sonntag 1: Meine Familie

Sonntag 2: Das Wohl der Tiere

Sonntag 3: Biblisch essen, trinken und danken

Sonntag 4: Meine Vorbilder

Sonntag 5: Menschen, die mir am Herzen liegen

Sonntag 6: Ich möchte einmal Danke sagen.

Sonntag 7: Meine Fehler und meine Lehren daraus

Sonntag 8: Wem kann ich eine Hilfe sein?

Sonntag 9: Was macht eigentlich meine Nachbargemeinde?

Sonntag 10: Ich möchte ein neues Talent an mir entdecken.

usw.

Wenn wir das tun, sind wir aktiv in einem guten Sinne, wir nehmen unser Leben bzw. unseren Sonntag selbst in die Hand. Der christliche Ruhetag bedeutet also nicht: Ich sitze bewegungslos da! Sondern: Ich entwickle meine christliche Seele weiter! Wer aktiv den Sonntag lebt, ist nicht auf das ewig gleiche Programm der Massenmedien angewiesen, die mir die Themen vorgeben und mich immer weiter weg von meinem christlichen Glauben und Leben führen. Die Begegnung von Mensch zu Mensch oder das Besinnen auf sich selbst ist dagegen unendlich viel mehr wert. Und genau dazu kann der Sonntag dienen.

Ähnlich kann sich auch eine Gemeinde jeweils ein Sonntags-thema setzen und es im Gemeindeleben umsetzen. Es muss nicht jeden Sonntag ein neues Thema sein, zumal man den personellen und sachlichen Aufwand im Rahmen der Möglichkeiten halten muss und kein hektisches Treiben daraus werden darf. Aber es wäre ein Schritt zu einer neuen inhaltlichen Würdigung des Sonn-tags.

1.11 Herz und Form im Gottesdienst

Biblische Reminiszenz:
»Der HERR ist meine Stärke und mein Schild;
auf ihn traut mein Herz und mir ist geholfen.
Nun ist mein Herz fröhlich,
und ich will ihm danken mit meinem Lied.«
Psalm 28,7

1.11.1 Der erste Eindruck zählt: Die Begrüßung

Der Gottesdienst ist auch heute noch der regelmäßige feierliche Höhepunkt des christlichen Gemeindelebens, zu dem jedes Gemeindemitglied und natürlich auch Fremde eingeladen sind. Da nur ein Teil der Gemeinde regelmäßig teilnimmt, ist es umso wichtiger, dass auch Menschen, die nur selten oder einmalig die Kirche aufsuchen, herzlich begrüßt werden. Ein geeignetes Begrüßungsteam kann genau dazu beitragen.

Es gilt für das Begrüßungsteam die Regel: Der Gast bestimmt, ob und worüber er reden will. Ein freundliches »Guten Morgen« im Eingangsbereich der Kirche und die Überreichung des Gesangbuchs reichen vorerst völlig aus. Ob mehr daraus wird, kann dem Gast überlassen bleiben, denn wir kennen seine momentane Verfassung nicht. Stellt er eine Frage oder spielt er mir den Ball zu, indem er eine Bemerkung macht, so greife ich das Gesprächsangebot natürlich freundlich auf. Möglicherweise entwickelt sich eine kurze, aber wertvolle Konversation.

Das Begrüßungsteam besteht aus zwei Leuten, mehr braucht es nicht. Niemand, der einen Gottesdienst besucht, will einen Hindernislauf zwischen fünf Gemeindevorstandsmitgliedern zurücklegen, bis er endlich Platz nehmen darf. Hinter ihm herzumurmeln, über ihn zu tuscheln oder ihm nachzuschauen, ist absolut tabu. Hat man eine Frage, so stellt man sie ihm direkt und erkundigt sich nicht hinten herum. Es ist bekanntlich besser, miteinander, als übereinander zu reden. Nach dem Gottesdienst kann man neue Gäste fragen, wie es ihnen gefallen hat. Das kann ein interessantes Feedback für die eigene Gemeinde sein, zeigt aber auch, dass uns am Wohlbefinden des Gastes etwas liegt.

Menschen machen die Entscheidung, ob sie wiederkommen, wesentlich davon abhängig, wie sie beim letzten Besuch behandelt wurden oder wie sie sich gefühlt haben. Es lohnt sich daher, alles dafür zu tun, dass Menschen, die zu uns kommen, sich menschlich und geistlich »zu Hause« fühlen, oder dass das hier einmal ihr geistliches Zuhause werden kann. Es macht auf Gäste keinen guten Eindruck, wenn vor Beginn des Gottesdienstes Mitglieder des Gemeindevorstands mit den Händen in den Hosen- oder Jackentaschen im Eingangsbereich der Kirche desinteressiert herumstehen, womöglich noch mit dem Handy in der Hand, den eintreffenden Besucher*innen den Rücken zuwenden bzw. mit sich selbst beschäftigt sind. Lautstarke Gespräche, verspätete technische Absprachen oder hallendes Gelächter verkennen die Bedeutung des Kirchenraums als einzigartige Oase der Besinnung, der inneren Erbauung und Einkehr und mitunter der Trauer. Solches Fehlverhalten wirft ein peinliches Licht auf die hier Verantwortlichen.

Sind besondere Gruppen im Gottesdienst zu Gast, z.B. eine Jugendgruppe aus der Jugendherberge, so begrüße ich diese zu Beginn des Gottesdienstes vor der versammelten Gemeinde besonders, indem ich sie anspreche und ihren Herkunftsort erwähne, eventuell auch namentlich die verantwortlichen Betreuer*innen nenne. Wir erinnern uns, dass der persönliche Name ein entscheidendes Merkmal der Wahrnehmung und Wertschätzung ist. Es macht daher Sinn, bereits vor dem Gottesdienst aufmerksam zu sein, um entsprechende Besuchergruppen zu erkennen und anzusprechen. Das verbindet Christen über die einzelnen Gemeinden hinaus.

1.11.2 Qualität bis zum Schluss

Der Gedanke mag ungewohnt sein, aber auch im Gottesdienst spielt Qualität eine wichtige Rolle. Theologisch gesehen bleiben zwar die Gotteserfahrung und die Wirkung des Evangeliums unverfügbar. Aber Methodik und Instrumentarium, deren wir uns im Gottesdienst bedienen, von der Musik bis zur Predigt, können an qualitativen Kriterien gemessen werden. Qualität garantiert zwar nicht die Wirksamkeit des Evangeliums, aber sie entscheidet darüber, ob menschliche Kommunikation gelingt.[17]

Welche Theologie einem Gottesdienst zugrunde liegt, ist nicht die Frage, um die es hier geht. Die qualitative Güte ist abhängig davon, ob die Beteiligten wissen, was sie tun, und welche Sorgfalt sie darauf verwenden.[18]

Es ist wichtig, dass die Mitarbeitenden der Gemeinde, vor allem die Mitglieder des Gemeindevorstands, ein Gespür für den geistlichen Charakter des Gottesdienstraums und speziell ihrer eigenen Kirche entwickeln. Dazu empfiehlt sich eine qualifizierte Anleitung. Es ergibt Sinn, sowohl mit altgedienten als auch mit neuen Mitarbeitenden eine Erkundung des Kirchenraums durchzuführen, bei der der geistliche Sinn und Charakter des Raums im

Vordergrund steht. Eine Moderation und Anleitung durch einen Außenstehenden können reizvoll und gewinnbringend sein. In den Landeskirchen gibt es entsprechend ausgebildete Kirchenpädagog*innen, die auf Wunsch zur Seite stehen und einem den Blick für den scheinbar so vertrauten eigenen Kirchenraum und seine Besonderheiten neu schärfen können.

Die einzelnen Teile der Liturgie, des Gottesdienstes also in seinem Verlauf, müssen von allen Beteiligten sorgfältig vorbereitet sein. Das gilt für die Textbeiträge genauso wie für die musikalische Gestaltung. Wer z.b. eine Lesung übernimmt, der übe sie bitte sorgfältig zu Hause und beschäftige sich im Vorfeld mit dem, was er vortragen will, textlich und inhaltlich. Auf mich wirkt es z.b. nicht sehr glaubwürdig, wenn ich den Eindruck bekomme, dass die lesende Person offenbar gar nicht verstanden hat, was sie da liest, da sie falsch betont, hängen bleibt oder die Augenbrauen fragend hochzieht. Für die Formulierung von Gebeten verwende ich viel Zeit und Sorgfalt. Ich rede schließlich Gott an. Den Inhalt reduziere ich auf das Relevanteste. Denn ich muss Gott nicht die Welt erklären.

Alle Beteiligten machen sich, wenn nötig, vor dem Gottesdienst zunächst mit dem Raum vertraut, mit seiner Gesamtwirkung und z.B. seiner Akustik. Das gilt vor allem für neue Mitwirkende, die mit dem Raum noch nicht vertraut sind. Die Kirchen bieten dafür personelle und materielle Unterstützung an, z.B. Handreichungen für Lektor*innen. Mitwirkende, die zu laut oder zu leise sprechen, können einem den Gottesdienst verleiden. Die Technik wie z.B. Mikrofone müssen einwandfrei funktionieren. Liturgische Geräte wie z.B. Abendmahlsgeschirr müssen nicht wertvoll, aber wertig und rein sein.

Einen Gottesdienst spult man nicht ab, sondern füllt jeden einzelnen Teil mit genau der Lebendigkeit, die ihm entspricht und angemessen ist. Er besteht einerseits aus festen, bekannten, sich wiederholenden Inhalten wie z.B. dem Vaterunser oder dem Glaubensbekenntnis, die gerade als vertraute Stücke Halt geben und Identität vermitteln. Es gibt aber auch Teile, die ganz anders vorzutragen sind: Einladungen zu Veranstaltungen der Gemeinde sollten auch wirklich wie eine Einladung vorgetragen werden: in freier Rede, freundlich, in Alltagssprache, es braucht nicht vorformuliert sein. Das pure Ablesen von Terminen und Orten macht der versammelten Gemeinde nämlich wenig Lust auf mehr. Übrigens ist es schön, wenn jede Gruppe selbst zu ihrer Veranstaltung einlädt, z.B. ein Chormitglied zur Chorprobe, die Leiterin des Frauenkreises zu ihrem nächsten Treffen, ein Mitglied des Fördervereins zu dessen Sitzung usw.

Das alte Kirchenlied »Herz und Herz vereint zusammen« von Nikolaus Ludwig von Zinzendorf, das seit Jahrhunderten in unseren Gesangbüchern steht, sieht etwas Entscheidendes. Doch der Gottesdienst selbst wie auch das unmittelbare Davor und Danach leben von Herz *und* Form. Form ist nichts Langweilig-Statisches. Vielmehr schafft sie Vertrautheit, Sicherheit, ein Zuhause. Sie darf nur nicht so »esoterisch« sein, dass nur noch Eingeweihte sie verstehen und Außenstehende ungewollt ausgegrenzt werden. Sie ist wandelbar und darf hinterfragt und an geänderte Einsichten und neue Erfahrungen angepasst werden.

Musik ist ebenso wie Sprache dem Wandel und veränderten Empfinden unterworfen. Die Frage »alt oder neu«, »traditionell oder modern« als sich einander ausschließende Alternativen aufzureißen, verspielt Chancen. Denn beides birgt jeweils ungeheure Schätze. Es gilt, beides zur richtigen Zeit und am richtigen Platz einzusetzen. In unserer Gemeinde haben wir ein offenes Singen etabliert, dessen Mitglieder im Gottesdienst die Gemeinde bei neuen Liedern unterstützen und sich regelmäßig in einem für jeden geöffneten Kreis treffen.

Entscheidend ist, dass die Gemeinde ihren Gottesdienst authentisch praktiziert, dann kommt Herz ins Spiel. Denn jetzt vereinen sich Form und Herz und wirken ungemein gemeinschaftsstiftend und gemeinschaftswahrend. Finden Form und Herz nicht zusammen, bleibt es bei einer leblosen Hülle ohne geistlichen Sinn und ohne seelische Erbauung. Man muss nicht, aber man kann sich einmal jeden einzelnen Bestandteil der Liturgie vornehmen und wird staunen, über welche gewaltigen Zeiträume die einzelnen Bestandteile des Gottesdienstes ungezählte Menschen in der Vergangenheit miteinander verbunden haben und heute immer noch verbinden, z.B. das Glaubensbekenntnis oder ein biblisches Segenswort.

Je früher Kinder in das Gottesdienstleben eingebunden werden, je ungezwungener und freier dies erfolgt, umso größer ist die Wahrscheinlichkeit, dass das Kind auch als Erwachsener im Gottesdienst eine Herzenssache sehen wird, und zwar ein Leben lang. Auch Kinder möchten spüren, dass sie etwas »mitnehmen« aus dem Gottesdienst. Dann gehen sie fröhlich hinaus und kommen gerne wieder. Ihnen parallel zum Erwachsenengottesdienst einen eigenen Kindergottesdienst anzubieten, wo es das Personal und die Räumlichkeiten hergeben, macht Sinn. Den ersten Teil des Gottesdienstes aber gemeinsam zu feiern, bevor die Kinder zu »ihrem« Gottesdienst ausziehen, verbindet beide, Erwachsene und Kinder, miteinander und ist mancherorts ein bewährtes Modell. Die Qualität des Kindergottesdienstes kann man dadurch optimieren, dass die Leiter*innen regelmäßige Fortbildungen besuchen.

Und wie geht man nach dem Gottesdienst auseinander? Sofern nicht unmittelbar anschließend noch ein weiteres Treffen erfolgt, z.B. ein Kirchencafé oder ein Predigtnachgespräch, sondern man direkt auseinandergeht, festigt eine persönliche Verabschiedung und ein wohlgemeinter Sonntagsgruß die Verbundenheit. Also bitte nicht stumm auseinanderrennen! Sich die Hand reichen, sich einen gesegneten Sonntag wünschen, nach dem Wohlbefinden fragen, Hilfe anbieten, vielleicht sich zu einem späteren Kaffee oder Tee verabreden, sich einander einladen zu den Gemeindeangeboten der neuen Woche, das sind kleine, aber gute Gesten der Zusammengehörigkeit.

1.12 Dankbarkeit und Transparenz

Biblische Reminiszenz:
»Seid dankbar in allen Dingen.«
1. Brief des Paulus an die Christen
in Thessalonich 5,18

»Undank ist der Welt Lohn.« Diese deprimierende Erfahrung sollte in einer christlichen Gemeinde keinen Grund finden. Doch leider gibt es viele Engagierte, die viel Herz, Zeit und Energie in eine Gemeinde stecken, und das über viele Jahre, und so gut wie nie eine dankbare Rückmeldung erhalten. Damit sollte man als Hauptamtlicher professionell umgehen. Und doch ist es noch wichtiger, dass die Freiwilligen und alle, die die Gemeinde unterstützen und fördern, ein regelmäßiges Wort des Dankes bekommen.

Eine konstruktive und lobende Rückmeldung ist ein Teil der Dankbarkeitskultur. Es ist für die, die sich viel Mühe gegeben haben, dass das Gemeindefest gut gelingt, sehr frustrierend, wenn als einzige Rückmeldung kommt, dass »fünf Stühle gefehlt« haben, zumal wenn eine solche Rückmeldung von einem Hauptamtlichen oder einem verantwortlichen Leiter kommt. Eine Rückmeldung sollte stets motivierend und konstruktiv sein, auch wenn sie einen Mangel anspricht. Die leitenden Verantwortlichen sollten sich stets zuerst fragen, was sie hätten besser machen können, bevor sie den Grund für das Scheitern bei anderen suchen.

Eine Veranstaltung gelingt, wenn man sie gründlich vorbereitet; und man lernt für die Zukunft, wenn man sie in Ruhe nachbespricht. Der zeitliche Abstand zur Nachbesprechung sollte zwei

Wochen nicht übersteigen. Nachbereitung bedeutet auch, den Aktiven Dank auszusprechen und das, was gut gelungen ist, hervorzuheben. Erkennt man Defizite, ergibt es wenig Sinn, Schuldige zu suchen. Besser ist es, gemeinsam an immer besseren Lösungen zu arbeiten. **Nicht Menschen, sondern Abläufe müssen optimiert werden.**

In manchen Gemeinden mangelt es weniger an der Bereitschaft, verdienten Mitarbeitenden Dank auszusprechen. Oftmals fehlt es den Altgedienten auch an der Fähigkeit, zum richtigen Zeitpunkt aufhören zu können. Es ist daher für die Betroffenen hilfreich, eine Kultur des Aufhörenkönnens und des Aufhörendürfens zu finden. Wer lange mitgearbeitet hat, sollte mit gutem Gefühl und reinem Gewissen loslassen können. Vielleicht ist es nicht immer einfach aufzuhören. Aber wie wenig Vertrauen habe ich in die anderen, wenn ich meine, ich sei unersetzbar und ohne mich würde es nicht gehen! Und weitermachen, nur weil sonst keiner zur Verfügung steht, führt zu Unzufriedenheit. Die Altgedienten dürfen nicht überfordert und überfrachtet werden. Das geht umso besser, je früher man im Rahmen einer konsequenten Nachwuchsarbeit Nachfolger*innen auf ihre Aufgaben vorbereitet. Es ist für Menschen, deren Engagement nun langsam ausklingt, schön zu wissen, dass ihre Arbeit von guten Händen weitergeführt wird, dass das, was sie aufgebaut haben, nicht umsonst war. Auch das ist eine Würdigung ihrer Leistung.

Das liebe Geld! Ohne geht vieles nicht. Es eröffnet zusätzliche Gestaltungsmöglichkeiten. Zugleich ist es ein heikler Bereich und gerade deshalb sollte hier stets große Transparenz bestehen. Dass der Haushalt der Gemeinde ebenso wie die Jahresrechnung der Öffentlichkeit zur Einsicht zugänglich gemacht werden, ist jedenfalls für die Gemeinden der Landeskirchen verpflichtend im Kirchenrecht verankert. Aber auch über die gesetzlichen Vorgaben hinaus empfiehlt es sich, größtmögliche Transparenz mit geeigneten Kontrollmechanismen zu praktizieren, denn das stärkt Vertrauen.

Nehmen wir als Beispiel Spenden: Vieles wäre ohne freiwillige Spenden nicht möglich. Spenden sollten stets für einen bestimmten Zweck gesammelt werden. Spender*innen wissen somit, wofür ihre Spende bestimmt ist. Das erhöht auch ihre Bereitschaft zu spenden. Spender*innen von Geld oder Sachen erhalten zeitnah eine Spendenbescheinigung. Dieser liegt ein persönliches Dankesschreiben bei. Ist das Projekt, für das Spenden gesammelt wurde, abgeschlossen – dies sollte so zeitnah wie möglich erfolgen –, so informiert man auf einem geeigneten Weg, z.B. über den Gemeinde- oder Pfarrbrief, die Gemeinde, wie viele Spenden für welchen Zweck eingingen und wie die Umsetzung des Projekts finanziell erfolgte (Spenden, Drittmittelgeber, Gesamtkosten usw.). Bei größeren Projekten äußert sich Dankbarkeit auch darin, dass ich zum Abschluss des Projekts, z.B. zur Eröffnung des neuen Spielplatzes für die Kita, alle Förderer einlade. Geschäftsleute und Betriebe, die spenden, werden auf Wunsch namentlich genannt, denn Klappern gehört nun mal zum Handwerk.

Je mehr Transparenz man einfließen lässt, umso mehr nimmt man den verbreiteten Einwänden, »man wisse ja nicht, wo das Geld hinfließe«, den Wind aus den Segeln. Zudem grenzt man sich durch Transparenz und Seriosität von dubiosen Gruppierungen ab. Die Stärke der Gemeinde ist, dass sie direkt vor Ort Ansprechpartner hat und nicht über eine anonyme Spendenhotline Geld sammelt, das von Menschen verwaltet wird, die niemand von den Spender*innen persönlich kennt.

Transparenz gilt auch im Blick auf Entscheidungsfindungen. Wenn wichtige Entscheidungen der ganzen Gemeinde ausreichend kommuniziert werden, stärkt dies die Identifikation der Mitglieder mit ihrer Gemeinde. Wichtig sind alle Entscheidungen, die für das Gemeindeleben langfristige Folgen haben oder ihr Gesicht verändern. Ziel ist es, möglichst viele Mitglieder in den Prozess einzubinden. Partizipation kann auf vielfache Weise umgesetzt werden. Das geht über gewählte Repräsentant*innen, die das Vertrauen der Mehrheit genießen, aber z.b. auch über eine Gemeindeversammlung, bei der frühzeitig über geplante Projekte informiert wird und alle ihre Meinung äußern dürfen. Warum nicht einmal Fragebögen an die Gemeindemitglieder verteilen? Sie ermöglichen es insbesondere immobilen Menschen, ihre Meinung einzubringen.

1.13 Auf Schultern stehen – Erinnerungskultur

Biblische Reminiszenz:
»Auch Ihr habt nun Traurigkeit, aber ich will
euch wiedersehen, und euer Herz soll sich freuen,
und eure Freude soll niemand von euch nehmen.«
Johannes 16,22

Wie gehe ich mit dem mir Überlieferten und Anvertrauten um? Was verbindet mich mit den Menschen, die vor mir waren? Was verdanke ich denen, auf deren Schultern ich stehe? Eine Sensibilität für diese Fragen zu entwickeln, bedeutet Achtung und Respekt vor den Menschen, die vor uns waren. Übrigens fielen die frühen Christen ihrer Umwelt dadurch auf, dass sie sich ungewöhnlich respektvoll um ihre Verstorbenen kümmerten. Christen glauben an eine Wirklichkeit, die über ihre zeitliche Existenz hinausreicht. Heute ist der Abschied von einem Verstorbenen leider oft nur ein Nischengeschehen und die Pflege seiner Grabstätte darf mir nicht zu viel Zeit rauben. Schade!

Eine christliche Gemeinde, die persönliche Sterbebegleitung anbietet, zeigt, dass ihr ihre Mitglieder bis zum Schluss wertvoll sind. Und es geht noch weiter: Sie darf sich nicht mit vernachlässigten Friedhofshallen abfinden. Das Gespräch mit den Verantwortlichen suchen, das allein reicht oft nicht. Lieber selbst Initiativen starten, Grabpflege anbieten und bei Trauerfeiern für einen angemessenen musikalischen Rahmen sorgen. Damit können christliche Gemeinden zu einem würdevollen Abschied von ihren Verstorbenen und zu deren Gedenken beitragen. Dass innerhalb der Gemeinde in Anwesenheit der Angehörigen der Verstorbenen nach einer gewissen Zeit mit Namen gedacht wird, z.b. am Ewigkeitssonntag, ist ein nicht zu unterschätzender Beitrag zur Trauerkultur und zur Trauerbewältigung. Der seelsorgliche Teil kann darüber hinaus durch das Angebot eines Nachbesuchs verstärkt werden. Auf spezielle Trauerfälle, die einer besonderen Achtsamkeit bedürfen, kann die Gemeinde mit hilfreichen Angeboten antworten, indem sie z.b. eine Trauergruppe für Eltern anbietet, die ihr Kind verloren haben, auf Wunsch professionell moderiert.

Wertschätzung drückt sich folglich nicht nur gegenüber den Menschen aus, die heute leben und die mir begegnen. Sie ist auch die Grundhaltung der Gemeinde gegenüber denen, die einmal zu ihr gehört haben. Das bedeutet, dass wir das Überlieferte mit Sorgfalt und Sensibilität behandeln. Welch große Opfer hat es oftmals gekostet, das aufzubauen, was wir heute wie selbstverständlich voraussetzen und deren Nutznießer wir sind! Es sind anvertraute Schätze. Sie sind mit Respekt zu behandeln. Die Gemeinde kann sie weiterentwickeln oder auch verändern. Jede Zeit, auch jede Gemeinde nutzt das ihr Überlieferte selektiv. Das ist unvermeidbar und legitim. Doch die Gemeinde geht jederzeit wertschätzend damit um. Sie entwickelt es kreativ weiter oder findet schöpferisch neue Wege.

In jeder Gemeinde gibt es wichtige Marksteine ihrer Geschichte. Sie zeigen an, wie das, was heute ist, werden konnte. Es kann peinlich sein, wenn selbst die Hauptamtlichen oder die Ehrenamtlichen in Leitungsfunktion die Jubiläen der eigenen Gemeinde übersehen oder tatenlos verstreichen lassen. Ich war neu in eine Gemeinde gekommen und beim Eintritt in die Kirche fiel mein Blick wie aus dem Augenwinkel auf die Jahreszahl, die über dem Portal stand. Ich stockte einen Moment und es wurde mir schlagartig klar: Die Kirche ist vor genau 250 Jahren gebaut worden! Nur: Keiner hatte es gemerkt! Da das Jubiläumsjahr schon fortgeschritten war, erstellte ich mit dem Gemeindevorstand noch schnell eine Festschrift und organisierte eine Bilderausstellung zur Geschichte unserer Kirche. Beides war ein Erfolg; die Vorbereitung machte trotz Zeitdruck Freude und viele brachten sich in das Jubiläumsfest ein. Beim Jubiläumsgottesdienst war die Kirche brechend voll. Das zeigt: Wir verpassen große Chancen, wenn wir die Geschichte der eigenen Gemeinde nicht kennen. Denn diese ist eine ungeheure Schatzkiste, aus der wir Jahr für Jahr schöpfen können!

Zur Erinnerungskultur gehört auch das ehrliche Aufarbeiten von Fehlern. Nicht nur einzelne Christen, auch Gemeinden und Kirchen als Ganze begehen Fehler, treffen falsche Entscheidungen, verhalten sich falsch, unterliegen Irrtümern. Zu argumentieren, Gott aber mache keine Fehler und seine Offenbarung sei perfekt und irrtumsfrei, trägt nicht weit, denn es ist immer der fehlbare Mensch, der die Offenbarung interpretiert. Es ist daher von vornherein abwegig, für sich als Mensch oder als Gemeinschaft einen Anspruch auf Absolutheit oder Fehlerfreiheit zu erheben. Es macht die Gemeinde nur glaubwürdiger, wenn sie mit Fehlern offen umgeht. Verschleierung, Verharmlosung oder Ausweichmanöver werden der Gemeinde schaden. Sie verspielt damit die Chance, sich zu verbessern, und macht sich nach außen hin unglaubwürdig. Hingegen zollen uns Menschen Anerkennung, wenn wir zugeben, dass wir etwas falsch gemacht haben, um Entschuldigung bitten und daraus die richtigen Schlüsse ziehen.

1.14 Nach vorne schauen – Jugend gestaltet Zukunft

Wer auf Schultern steht, schaut in erster Linie nach vorne, nicht zurück. Daher ist es unverzichtbar, dass die junge Generation in der Gemeinde eine gewichtige Stimme hat. Ja, es ist nicht nur unverzichtbar, sondern eine enorme Bereicherung für alle, wenn junge Menschen mit ihren Ideen, mit ihrem zeitgenössischen Geschmack, mit ihren Träumen und Visionen Gemeinde aktiv mitgestalten.

Die umfängliche »Shell Jugendstudie« liefert regelmäßig auf empirischer Basis Informationen über aktuelle Einstellungen und Lebensgewohnheiten, Werte und Sozialverhalten junger Menschen. Sich damit zu beschäftigten und Konsequenzen für die Gemeindearbeit zu ziehen, ggf. unter Anleitung einer Fachkraft aus der Jugendarbeit, kann für ein Leitungsgremium sehr hilfreich sein, damit man an der Lebenswelt der Jugendlichen nicht vorbeilebt und vorbeientscheidet. Diese intensivere Beschäftigung kann z.B. zum Zweijahresprogramm in der Gemeinde gehören. Auf dieser Grundlage werden Konzepte der Jugendarbeit entworfen, angepasst und weiterentwickelt, natürlich in Zusammenarbeit mit Jugendlichen.

Sind junge Menschen nach einer Wahl in einem Planungs- oder Entscheidungsgremium unterrepräsentiert, so können sie als beratende Stimme, noch besser: stimmberechtigt nachberufen werden.

Damit Jugendliche nicht von den mehrheitlichen Stimmen der mittleren und älteren Generation überstimmt werden, ist es ratsam, ihnen weitgehende Eigenständigkeit einzuräumen. Ihre

Ideen im Bereich der Musik, der Gottesdienste, der Jugendangebote und des Medieneinsatzes sollten nicht nur Gehör finden, sondern auch tatsächlich umgesetzt werden. Natürlich darf auch schon ein Jugendlicher lernen, dass das Leben in der Gemeinde aus Kompromissen besteht. Das fördert Dialogfähigkeit. Aber am Ende sollte die Handschrift der jungen Menschen erkennbar bleiben. Sie dürfen eigenständig Angebote entwickeln und umsetzen.

Bei der Bereitstellung von Haushaltsmitteln darf folglich die Jugendarbeit nicht vernachlässigt werden. Die Gemeinde tut etwas für ihre eigene Zukunft, wenn sie für die Ausbildung junger Menschen zu Betreuer*innen in der Jugendarbeit oder zu Jugendleiter*innen Mittel bereitstellt, ebenso wie für jugendbezogene Projekte.

Auch den Jugendlichen, die nicht regelmäßig oder auch noch gar nicht am Leben der Gemeinde teilnehmen, sollten aktuelle Informationen über das Gemeindeleben und sie betreffende Angebote zur Verfügung gestellt werden, was zumindest *auch* digital geschehen muss, z.B. auf der Website der Gemeinde.

Persönliche Kontakte zwischen Gemeindeleitung und Jugendlichen sind wichtig, damit die jungen Menschen wissen, welche Personen Entscheidungen treffen. Dazu kann man einmal im Jahr zu einem Treffen einladen, dessen Format die jugendlichen Engagierten bestimmen sollten.

Anlässlich der Wahl zum neuen Gemeindevorstand ist eine direkte Kontaktaufnahme mit den Erstwähler*innen ein Schritt, sich einander kennenzulernen. Das kann ein kurzer Besuch an der Haustür sein oder ein persönlich gestalteter Brief, in dem zu einer gemeinsamen Aktion eingeladen wird, z.B. im Bereich Ökologie und Friedensarbeit, Themen, die auch junge Menschen bewegen.

Wie Erwachsene sind auch Jugendliche oft nicht bereit, sich allzu lange zu binden oder zu verpflichten. Die Mitarbeit in zeitlich befristeten Projekten kommt hingegen vielen entgegen. Bei jedem Projekt lohnt sich daher die Mühe, Jugendliche anzusprechen. Es kann die Bereitschaft zur Mitarbeit fördern, wenn die zeitliche Befristung gleich kommuniziert wird. Junge Menschen können sich dann mit ihren eigenen Fähigkeiten und Bedürfnissen einbringen und stehen nicht unter dem Druck, von jetzt an »für immer« zur Verfügung stehen zu müssen.

2 Ansprechende Lebensräume – Hier leben wir!

Eine christliche Gemeinde, die eine alte und doch immer aktuelle Botschaft verkündigt, ist einer Blumenwiese vergleichbar. Die Wiese ist schon alt, Generationen haben auf ihr gespielt, gelacht, gearbeitet. Und doch ist dieselbe Wiese jedes Jahr neu. Denn sie ist schöpferisch. Sie bringt altbekannte Blumen immer wieder neu hervor. Jedes Jahr im Frühling und Sommer sieht die Wiese ein wenig anders aus. Und doch ist es dieselbe Wiese. Eine innere Schöpferkraft macht dies möglich. Die alte Wiese trägt immer wieder ein neues Kleid. Vorbeifliegende Insekten ebenso wie Tiere, die hier leben, arbeiten daran mit. Es ist ein nie endender schöpferischer Prozess. Es dürfen auch neue Arten dazu kommen. Es gibt unscheinbare Exemplare unter den Pflanzen. Doch keine Blume fragt sich, ob sie schöner als die andere ist und prächtiger, keine, ob sie es überhaupt wert ist, hier zu sein. Jede blüht einfach nach Kräften. Erst alle zusammen ergeben die Wiese, die von Jahr zu Jahr in neuer Schönheit erblüht. Gottes Schöpfung impliziert Schönheit. Wir können diese Schönheit spiegeln, indem wir unsere Lebensräume entsprechend gestalten. **Theologisch gesehen, ist auch eine Gemeinde Gottes Schöpfung.** Eine Gemeinde versteht die ihr innewohnende Schöpferkraft zu nutzen, gibt ihre zeitlose Botschaft bewahrend und zugleich schöpferisch weiter. Sie ist lebendig, bietet Lebensraum und erblüht wie eine Wiese mit all den Blumen, Kräutern, Gräsern und allem, was auf ihr und von ihr lebt.

2.1 Alles in guter und schöner Ordnung

Biblische Reminiszenz:
»Und er führte mich hin im Geist auf einen großen und hohen Berg und zeigte mir die heilige Stadt Jerusalem herniederkommen aus dem Himmel von Gott, die hatte die Herrlichkeit Gottes; ihr Leuchten war gleich dem alleredelsten Stein, einem Jaspis, klar wie Kristall; sie hatte eine große und eine hohe Mauer und hatte zwölf Tore und auf den Toren zwölf Engel und Namen darauf geschrieben, nämlich die Namen der zwölf Stämme der Israeliten: von Osten drei Tore, von Norden drei Tore, von Süden drei Tore, von Westen drei Tore. Und die Mauer der Stadt hatte zwölf Grundsteine und auf ihnen die zwölf Namen der zwölf Apostel des Lammes.«
Offenbarung 21,10-14

Die auffällige Ordnung des himmlischen Jerusalem, das der Seher Johannes in seiner Vision schaut, trägt eine tiefe Symbolik in sich. Sie orientiert sich an den zwölf Stämmen des alten Israel und findet ihre heilsgeschichtliche Entsprechung in den zwölf Aposteln Jesu. In dieser Ordnung wiederum spiegelt sich die Herrlichkeit Gottes, die einerseits in dem grandiosen heilsgeschichtlichen Plan zum Ausdruck kommt, andererseits in der Schönheit und dem Glanz der endzeitlichen Stadt sinnenfällig wird.

Nicht jede Ordnung in der Gemeinde muss eine heilsgeschichtliche Symbolik in sich tragen. Aber dass sich in der Schau des Johannes Ordnung mit Schönheit verbindet, das kann auch für die Gemeinde Leitbild sein. **Ordnung hat in der Gemeinde eine dienende Funktion.** Zu ihrer ästhetischen Bedeutung kommen wir noch. Ordnung soll den Menschen in der Gemeinde das Leben erleichtern. Sie hat keinen Selbstzweck und darf weder zur Belastung, noch zur Errichtung autoritärer Strukturen missbraucht werden. Dabei geht es zum einen um die dinglich-sachliche Ordnung in Räumen, auf Plätzen, im Büro, im Archiv usw. Diese ist sehr wichtig, denn wo sie nicht existiert, verschwendet man nicht nur viel wertvolle Zeit, die man dringend für Wichtigeres bräuchte, sondern es hinterlässt auch bei Außenstehenden einen schlechten Eindruck, wenn augenscheinlich ist, dass hier niemand recht durchblickt. Zu dieser dinglich-sachlichen Art von Ordnung gehört auch die richtige Entscheidung über die Verwendung von Räumen und deren angemessene Ausstattung. Beispiel: Ein Raum, der die Atmosphäre eines Sitzungszimmers ausstrahlt, weil er mit entsprechenden Stühlen und Tischen ausgestattet ist, eignet sich weder als liturgischer Raum für Gottesdienste noch für die Arbeit mit Kindern. Leider keine Seltenheit! Ich habe schon oft Gottesdienste in Räumlichkeiten halten müssen, in denen normalerweise der Rat der Ortsgemeinde tagt. Eine liturgisch zweckmäßige oder einladende Atmosphäre kann hier nie entstehen. Hier stoßen auch die beliebten Multifunktionsräume an Grenzen. So praktisch sie sind, sie sollten mit großer Sorgfalt dem jeweiligen Nutzungszweck angepasst werden.

Ordnung in Räumlichkeiten heißt also nicht etwa, Menschen möglichst fernzuhalten, damit keine »Unordnung« entsteht. Im Gegenteil: Kinder brauchen Räume und Plätze zum Toben und zum Kreativsein. Da dürfen ruhig auch mal Fenster angemalt und reichlich Konfetti geworfen werden. Jugendliche möchten ein vertrautes Ambiente, in dem sie »abhängen« können. Und auch Erwachsene brauchen »Spielräume«. Ordnung heißt: Für jeden Zweck den richtigen räumlichen Rahmen finden oder die passende, dem Anlass dienende räumliche Atmosphäre schaffen.

Die Verschriftlichung und Dokumentation ist ein weiterer Aspekt dinglich-sachlicher Ordnung und wird, wenn sie richtig gemacht wird, sehr hilfreich sein. Manches klärt man am besten schriftlich. So schließt man mit Nutzer*innen gemeindeeigener Räumlichkeiten einen Nutzungsvertrag ab, in dem alles Notwendige geklärt wird. Das gibt beiden Seiten Sicherheit. Raumnutzungskonzepte und Raumbelegungspläne sind sehr hilfreich. Sie dienen der effektiven Verwendung von Gebäuden. Dabei ist aber stets die Eignung des Raums zu bedenken. Über viele Dinge sind sogar kraft Gesetz Dokumente zu führen, z.B. wenn es um Sicherheitsfragen oder um Wartungen, um Rechnungen oder Haushaltspläne geht. Diese Dokumente müssen stets aktuell und griffbereit sein. Sie geben der Gemeinde Sicherheit und machen die Arbeit planbar und nachvollziehbar.

Es geht neben der dinglich-sachlichen Ordnung außerdem um personelle Ordnung. Ohne diese ist auch die dinglich-sachliche Ordnung nicht möglich. Sind Zuständigkeiten geklärt? Wer kümmert sich um anfallende Reparaturen? Wer ist für das Thema Sicherheit zuständig? Wer ist zuverlässige Ansprechperson für Vermietungen der Gemeinderäume? Wer ist Entscheidungsträger, wenn es um Kooperationen geht usw.?

Speziell Beauftragte kümmern sich auch um Energiefragen, Ökumene und Diakonie. Die Beispiele ließen sich natürlich vermehren. All diese Fragen müssen geklärt sein, wenn es im Alltag nicht zu Störungen kommen soll, die die Kernaufgaben der Gemeinde behindern.

Eine Ordnung ist dann eine gute Ordnung, wenn sie zweckdienlich und lebensdienlich ist. Sie besteht nie um ihrer selbst willen. Im Blick auf die Gemeinde bedeutet dies, dass sie der Gemeinde hilft, ihre Aufgaben zu erfüllen und ihre Botschaft weiterzutragen. Eine schlechte Ordnung hingegen verhindert eine gute Erfüllung der Aufgaben, sie stört sie und stiftet Verwirrung.

Ordnung fördert Zuverlässigkeit, gerade wenn es um Menschen geht. Die technisch-funktionale Ordnung von Sachen bedeutet nicht, dass sie nicht auch ansprechend und schön sein darf. Ist es nicht auch auf einer Sommerwiese so, dass die Natur alles wohlgeordnet und durchdacht hat, gleichzeitig aber auch die Schönheit nicht zu kurz kommt! Davon handelt das nächste Kapitel.

2.2 In die Augen, in den Sinn

Biblische Reminiszenz:
»An allen Wänden des Hauses ließ er ringsum Schnitzwerk machen von Cherubim, Palmen und Blumenwerk, innen und außen. Auch überzog er innen und außen den Boden mit Goldblech. Und an der Tür des Allerheiligsten machte er zwei Türflügel von Ölbaumholz mit fünfeckigen Pfosten und ließ Schnitzwerk darauf machen von Cherubim, Palmen und Blumenwerk und überzog sie mit Goldblech.«
1. Buch der Könige 6,29-32

Ja, es stimmt, der Geschmack ändert sich im Laufe der Zeit. Salomons Tempel folgte dem ästhetischen Empfinden seines Kulturkreises. Nachhaltige Bewirtschaftung von Naturflächen war vor 3.000 Jahren kein zentrales Thema. Und Repräsentativität folgte damals teilweise anderen Regeln als heute. Unser ästhetisches Gestalten findet heutzutage daher unter veränderten Rahmenbedingungen statt.

Was sich aber nicht geändert hat, ist die Tatsache, dass wir Wesen sind, die mit offenen Sinnen durch die Welt gehen und deren Gefühle unmittelbar von dem geprägt werden, was wir wahrnehmen. Wie es nun kognitiv wirklich zu erklären ist, dass wir etwas als schön oder unschön empfinden, ist bis heute nicht ganz geklärt. Doch Tatsache ist, dass es eine Korrelation zwischen unserer Außenwelt und unserem Empfinden gibt. Unsere Sinne sprechen auf das an, was sie umgibt. Ein Sprichwort besagt: »Aus den Augen, aus dem Sinn«, will heißen: Sobald wir etwas nicht mehr sehen, beschäftigt es uns auch nicht mehr (lange). Doch es gilt auch umgekehrt: Was wir sehen, dringt in uns ein und wird bewusst oder unbewusst von uns verarbeitet, kurz: Was in die Augen geht, geht auch in den Sinn.

Ideal, »schön« ist etwas, das wir in seiner Ganzheit als angenehm und positiv wahrnehmen. Es strahlt eine Form von Vollkommenheit aus, oft gerade in seiner Schlichtheit. Das lädt ein und weckt in uns das Gefühl, gerne hier zu sein.

Ist die Ordnung in der Gemeinde zweckdienlich, so heißt das also nicht, dass sie nur technisch-funktional ist. Ordnung kann und soll auch schön sein. Hilfreich ist, wenn es eine Linie gibt, einen Gesamtentwurf, ein Leitbild, das aber nicht so radikal umgesetzt wird, dass es polarisiert. Ein Beispiel aus dem Bereich Bauen: Ein Gemeindehaus als Blockhaus zu bauen spricht einen Teil der Menschen sehr, andere gar nicht an. Zu viel Holz wirkt auf manche depressiv, andere wiederum räkeln sich geradezu darin. Hingegen ist es eine gute und schöne Lösung, ökologisch rücksichtsvoll zu bauen, indem auf bestimmte Materialien verzichtet wird, andere bevorzugt zum Einsatz kommen, und dies alles in einer wertigen Solidität. Das gibt dem Ganzen einen Sinn und spiegelt eine vermittelnde Linie, die auf die meisten Menschen positiv wirkt.

Bindet man Kunst in die Gebäude oder in die Ausstattung der Räume ein, sollte auch hier auf schrille Ausreißer verzichtet werden. Wo es schrill zugeht, hält man sich nicht gerne dauerhaft auf. Diese Art von Kunst hat an anderer Stelle ihren berechtigten Platz, z.B. als Aufschrei oder Weckruf. Kunst hingegen, die in wohltuender Weise zum Nachdenken anregt oder die Botschaft der Gemeinde spiegelt, kann sehr hilfreich sein. Die Gestaltung des Umfelds, in dem die Gemeinde lebt, wird so im übertragenen Sinne für andere »an-sprechend«. Sie macht auf sich aufmerksam und lädt dazu ein zu verweilen.

Der Begriff »Sinnlichkeit« wird heute oft auf einen erotisierenden Aspekt verkürzt. Richtiger und weiter verstanden nimmt er aber die Tatsache ernst, dass der Mensch über seine Sinne Orientierung sucht und die Fülle dieser Wahrnehmung letztlich mit darüber entscheidet, ob er sich in einem weiten Sinne bei einer Sache wohlfühlt. In diesem Sinne kann sich die Gemeinde vielfältiger Methoden bedienen, um für Menschen ansprechend zu sein und ihre Botschaft zu vermitteln. Es gibt heute im Bereich der Pädagogik oder auch der Gemeindearbeit Literatur, die oft den Zusatz trägt »... mit allen Sinnen«, z.B. »Erzählen mit allen Sinnen«[19] oder »Kirche mit allen Sinnen«[20]. Sie kann hilfreich sein, um Wege zu finden, Menschen mit mehr als nur mit Worten anzusprechen. Übrigens ist das nichts Neues, denn auch Jesus hat ja sehr anschaulich gepredigt, indem er auf Gegenstände oder Situationen des Alltags zurückgriff (Schafe, Senfkorn, Weinberg, Brot) und Zeichenhandlungen durchführte (Abendmahl, Kindersegnung).

Davon zu unterscheiden ist die Emotionalisierung. Emotionalisierte Religion ist problematisch. Wenn die Emotionen den Verstand überwältigen, wenn das Wahrgenommene nicht mehr hinterfragt wird, dann wird der Mensch steuerbar und fremdbestimmt. Eine verantwortungsvolle Gemeinde hingegen lebt aus der Mündigkeit und Selbstbestimmtheit ihrer Mitglieder heraus. Ein gutes Beispiel ist die Musik. Sie kann Menschen emotional sehr stark aufwühlen, steuern und berühren. In der Gemeinde aber ist sie Trägerin einer Botschaft, die stets auch mit Verstand hinterfragt und durchdacht wird. Wenn Herz und Verstand zusammenkommen bzw. wenn sich beides wechselseitig beeinflusst, dann liegt die richtige Symbiose vor.

Fragen der Ästhetik sind für die Vermittlung und Festigung der christlichen Botschaft also nicht zu vernachlässigen. Dabei ist auf die richtige Balance zu achten.

Farben spielen für die Wahrnehmung und die erzeugten Gefühle eine große Rolle. Als wir unser Gemeindehaus renovierten, meinte eine Malergattin, die dem Frauenkreis der Gemeinde angehörte: »Nur Mut zur Farbe!« Ja, die Gemeinde darf ruhig »Farbe bekennen«. Entscheidend ist dabei aber, dass sie bewusst und fachlich gut beraten mit Farben umgeht. Wer sich mit der oder den Farbenlehren beschäftigt, wird neben hilfreichem Wissen, das er findet, auch auf brüchiges esoterisches und psychologisierendes Glatteis geführt.[21] Aber es lohnt sich dennoch, Farben im Rahmen ihrer unbestrittenen Wirkkraft bewusst einzusetzen. Ein Raum, der wohlüberlegt mit Farben gestaltet ist, kann Blockaden bei Menschen lösen und Kommunikation fördern. Farblich nichtssagende Räume verspielen diese Chancen.

Wenn man sich liturgischer Farben im Bereich des Gottesdienstes oder zur Ausgestaltung des Kirchenraums (Altar, Kanzelbehang, liturgische Kleidung usw.) bedient, sollte man sich darüber im Klaren sein, dass die alte Farbsymbolik, die galt, als die liturgischen Farben festgelegt wurden, nicht mehr der heutigen entspricht. Schwarz und Violett z.B. decken heute ein viel weiteres – mitunter in sich widersprüchliches – Bedeutungsspektrum ab als nur »Trauer« bzw. »Demut«. Hier bedarf es für die Gemeinde auch anleitender Verstehenshilfen, damit die Farben nicht aussagelos im Raum stehen. Die Symbolik und die durch Farben ausgelösten Empfindungen ändern sich und variieren sowohl geschichtlich als auch kulturell oder regional.

In der Welt der ostkirchlichen Ikonen hat sich über 1000 Jahre eine Farbensprache durchgehalten und verstetigt. Das Gold als Grundfarbe steht für die himmlische Herrlichkeit und die Ewigkeit Gottes. Wer die Botschaft dieser Kunstwerke beachtet, betrachtet sie verständnisvoller als ein Außenstehender. Und doch begegnet man dieser Farbe unter anderen sozialen und ethischen

Gesichtspunkten anders. Gold kann für Verschwendung, Luxus und soziale Ungerechtigkeit stehen. Die Wirkung von Farben und die Assoziationen, die damit verbunden werden, sind schillernd und wandeln sich in verschiedenen Kontexten.

Wenn Sie einmal in Weimar sind, besichtigen Sie doch einmal das Wohnhaus Johann Wolfgang von Goethes, der die Innenräume nach seiner Farbenlehre gestaltete, und besuchen Sie zeitnah in derselben Stadt das Museum des Bauhauses, das Farben und Formen einander zuordnete, unter dem Aspekt der Farbenlehre. Mir fiel auf, wie in beiden Fällen zeitgenössisches Empfinden, wissenschaftlich-technische Deutungen und esoterisch anmutende Lehren ineinanderflossen. Dessen sollte man sich bei Farbenlehren stets bewusst sein.

Tatsache aber bleibt: Ob sich Menschen in einer Räumlichkeit der Gemeinde wohlfühlen, ob der Raum zu ihnen »spricht«, hängt auch von den Farben ab, die den Raum prägen. Farben regen zur Kreativität an und können positive – und negative – Gefühle verstärken. Sie können auch Botschaften unterstützen. Der richtige Umgang mit Primär- und Komplementärfarben sowie Farbkontrasten ist entscheidend. Eine regelmäßige Auffrischung und ggf. Erneuerung der Farbwahl für Räume und Gebäude mit Hilfe seriöser Beratung ist sehr lohnend.

Schließlich noch ein scheinbar banaler Aspekt: die Sauberkeit! Denn die Frage der Sauberkeit berührt nicht nur Gesundheit und Hygiene, sondern auch die Ästhetik. Mit Gesundheit und Hygiene ist zugleich der große Bereich der Verantwortung gegenüber anderen Menschen betroffen. Es versteht sich von selbst, dass die Gemeinde in allen in ihrer Zuständigkeit stehenden Bereichen das Notwendige unternimmt, um Gesundheit zu erhalten und zu fördern. Ist in den Räumlichkeiten auch dem Aspekt der Sauberkeit ausreichend Rechnung getragen, dann sind die Voraussetzungen dafür gegeben, dass wir eine auf uns positiv wirkende Ganzheit erleben.

2.3 Gebäude tragen Botschaften

Biblische Reminiszenz:
»Kommt, lasst uns hinaufgehen zum Berg des Herrn,
zum Hause des Gottes Jakobs, dass er uns lehre seine
Wege und wir wandeln auf seinen Pfaden!«
Jesaja 2,3

Kirche als Gemeinschaft von Christen wird in erster Linie von Menschen repräsentiert, nicht von Gebäuden. Sie sollte primär am Leben und am glaubwürdigen und wertschätzenden Verhalten ihrer Mitglieder erkennbar sein (vgl. Johannes 13,35). Und doch sollte man die Aussagekraft von Häusern und Räumen über die Menschen, denen sie gehören, nicht unterschätzen.[22] Denn sie haben Ausstrahlung. Hier wird die Gemeinde auch optisch erkennbar. Wer meint, das sei etwas rein Äußerliches und daher zu vernachlässigen, irrt sich. Denn das Äußere ist auch hier ein Spiegel des Inneren. Kirchengebäude, Gemeindehäuser, kirchliche Kindergärten, Pfarrhäuser usw. dienen der Umsetzung des Auftrags der Gemeinde, dem Dienst an den Menschen und leisten einen großen Beitrag zur Pflege des Miteinanders und zur Weitergabe des Glaubens und der Gemeindekultur an die nächste Generation. Sie sind – auf dem Dorf ebenso wie in der Großstadt – sichtbare Zeichen der Anwesenheit christlichen Lebens. Sie spiegeln für jeden erkennbar dessen Blüte – wie auch seinen Niedergang! Sie sind sehr wertvoll für die Verkündigung und Bewahrung christlicher Identität in der Gesellschaft. Ihr äußerer Zustand wirft ein Licht auf die Liebe – oder die Lieblosigkeit –, mit der die Gemeinde ihren Auftrag verwirklicht. Hier hat auch die Redewendung ihr Recht: »Schönheit kommt von innen.« Oder wer es anders sagen möchte: Innere Werte sollten auch ansprechend verpackt sein.

Die oberste Regel lautet: Das Gebäude muss sichtbar sein! Vor einiger Zeit war ich zu einer Sitzung zum Thema Kirchenmusik eingeladen. Obwohl ich die Straße und die Hausnummer kannte, konnte ich das Gebäude partout nicht finden. Es wurde schon dunkel. Ich fuhr, dann ging ich mehrmals die Straße auf und ab, fragte eine Passantin, die auch ratlos war. Während ringsherum die katholischen Einrichtungen hell leuchteten, war der evangelische Versammlungsraum einfach nicht aufzufinden. Kein Scherz: Ich fuhr wieder nach Hause und entschuldigte mich beim Vorsitzenden des Gremiums per Email, dass ich zwar vor Ort war, das Versteck aber nicht habe ausfindig machen können. Er erklärte mir dann den für Außenstehende schwer zu findenden Zuweg. In einer Zeit, in der Kirche und Christentum gesellschaftlich, mitunter absichtlich, unsichtbar gemacht und verschwiegen werden, darf so etwas nicht passieren. Daher noch einmal: Unsere Gebäude müssen sichtbar sein!

Gebäude tragen Botschaften. Das gilt auch im Blick auf gelebte Überzeugungen der Hausherr*innen. Wie ernst nimmt die Gemeinde die Bewahrung der Schöpfung? Schätzt sie die Umwelt wert? Baut sie mit naturfreundlichen Materialien? Bewirtschaftet sie ihre Häuser sparsam und energieeffizient? Lässt sie tierfreundliche Grünflächen und Bäume zu oder opfert sie die Natur der Praktikabilität und der Sparsamkeit? Aufmerksame Beobachter*innen werden beim Betrachten und Betreten der Gebäude darauf schnell Antworten finden!

Gäste dürfen durchaus schon auf den ersten Blick erkennen, dass hier eine christliche Gemeinde lebt. Symbole weisen darauf hin. Christliche Gebäude sollten optisch nicht untergehen im großen Einerlei. Die Bibel bietet viele Impulse, die künstlerisch an oder in Gebäuden umgesetzt werden können, z.b. in Form von Wandschmuck, Aufschriften oder Statuen: Der gute Hirte, Jesus der Weinstock und wir die Reben, die Stadt auf dem Berg, der barmherzige Samariter, der Reichtum der Schöpfung, das Licht der Auferstehung usw. Ein klug ausgesuchtes Motiv, an der richtigen Stelle angebracht – aber bitte nicht zu plump –, spricht zu den Menschen, die sich nähern, und sagt ihnen: Hier wird der christliche Glaube gelebt!

Gebäude und ihre Bestandteile sind in der Bibel oft Bildspender für die Gemeinde, die aus Menschen besteht, aber auch für die einzelnen Christen und sogar für Jesus Christus selbst. Hier einige Sprachbilder zu Gebäuden in diesen vielfältigen Deutungen:

1. Korinther 6,19: »*Oder wisst ihr nicht, dass euer Leib ein Tempel des Heiligen Geistes ist, der in euch ist und den ihr von Gott habt, und dass ihr nicht euch selbst gehört?*«

Epheser 2,19f.: »*So seid ihr nun nicht mehr Gäste und Fremdlinge, sondern Mitbürger der Heiligen und Gottes Hausgenossen, erbaut auf den Grund der Apostel und Propheten, da Jesus Christus der Eckstein ist.*«

1. Petrus 2,4f.: »*Zu ihm kommt als zu dem lebendigen Stein, der von den Menschen verworfen ist, aber bei Gott auserwählt und kostbar. Und auch ihr als lebendige Steine erbaut euch zum geistlichen Hause und zur heiligen Priesterschaft, zu opfern geistliche Opfer, die Gott wohlgefällig sind durch Jesus Christus.*«

Es geht also nicht um äußeren Putz. Kein Gebäude hat einen Selbstzweck. Es hat eine dienende Funktion. Aber über diese dienende Funktion hinaus – und eng mit dieser Funktion verwoben – ist es selbst ein Stück Verkündigung!

Ja, es wird auch Geld kosten, Gebäude angemessen zu erhalten. Um den Haushalt der Gemeinde zu entlasten, bietet sich nicht nur ein auf die Möglichkeiten vor Ort zugeschnittenes Fundraising an. Fördervereine und Kirchbauvereine können zur Entlastung beitragen. Auch Vermietungen an Dritte – für Privatfeiern, Vereinstreffen, gewerbliche Veranstaltungen usw. – können helfen, laufende Kosten zu finanzieren. Gebäude dürfen ja durchaus ausgelastet sein. Es ist auch sehr empfehlenswert, sich einen Pool von freiwilligen Heimwerkern und technisch versierten Menschen, z.B. Handwerkern im Rentenalter, aufzubauen, die manche Arbeiten in ihrer Freizeit übernehmen können. Das entlastet nicht nur den Haushalt, sondern kann auch ein wichtiger Baustein der Gemeindearbeit sein; es stärkt das Gefühl der Zusammengehörigkeit, bindet Menschen an »ihre« Gebäude und macht oft einfach Spaß. Selbstverständlich wird eine abgeschlossene Maßnahme mit einem fröhlichen gemeinsamen Helferfest gefeiert und gewürdigt.

2.3.1 Die Kirche

Als ich in New York war, stand ich vor der St. Paul's Chapell am Broadway. Sie ist die älteste Kirche Manhattans, erbaut 1764-1766. Vor den gigantischen neuzeitlichen Hochhäusern, die ein Vielfaches ihrer Größe erreichen, ist sie ein Zwerg, übertrifft aber alle an Geschichte und Würde. In ihr betete schon George Washington (1732-1799), der erste Präsident der Vereinigten Staaten von Amerika. Beim Anschlag auf das benachbarte World Trade Center am 11. September 2001 blieb sie unbeschädigt. Nicht einmal ein Fenster soll zu Bruch gegangen sein. In den Tagen nach dem Anschlag

diente sie, noch von zentimeterdickem Staub bedeckt, als Hilfs-
station und Essensausgabe für Feuerwehrleute, Polizisten und
Spürhunde. Erschöpfte konnten auf Notbetten Erholung finden.
Sie strahlt in dieser Weltstadt, die niemals schläft und unzählige
Tragödien kennt, unweit der Wallstreet, der milliardenschweren
Finanzzentrale, eine Botschaft aus, und die lässt sich schwer in
Worte fassen.

»Hier ist für uns gut sein.« Das sagte Petrus zu Jesus auf dem
Berg der Verklärung, auf den Jesus sie geführt hatte, wo Petrus gemeinsam mit Jakobus und Johannes wohl in einer Vision den Propheten Elia und Mose im Gespräch mit Jesus erkannten. Prompt
wollte Petrus »drei Hütten« (oder »Zelte«) bauen, eine für Jesus,
eine für Mose, eine für Elia (Markus 9,2-8). Wie auch immer man
die Verklärung näher verstehen mag, sie erzeugte in den Anwesenden das Gefühl, dem Himmel ein Stück näher zu sein, und das
Bedürfnis, dieser Erfahrung einen geschützten Raum zu errichten.
Wenn das der Gemeinde mit ihrem Kirchengebäude ein Stück
weit gelingt, wenn sie es also fertigbringt, Menschen spüren zu
lassen, dass dies kein Ort wie jeder andere ist, dann schafft sie eine
sinnenhafte Brücke zwischen Menschen und Gott.

Dies sollte für Menschen auch außerhalb der Gottesdienste,
z.B. während sie allein die Kirche aufsuchen, möglich gemacht
werden. Gemeinden, die ihre Kirchen die Woche über verschlossen halten, bringen ihre Mitglieder und Gäste um die Möglichkeit
dieser elementaren Erfahrung. Kirchen sollten daher nach Möglichkeit geöffnet sein, und zwar täglich! Das ist der erste Schritt,
wenn ich meine Kirche als einladendes Zuhause, in dem Gäste
willkommen sind, präsentieren möchte. Gemeinden sollten dies
regelmäßig auf ihre Agenda setzen: Wer kümmert sich um das
tägliche Öffnen der Kirche! Denn eine Kirche, die verschlossen ist,
macht die Bemühung zunichte, sich als gastfreundliche Gemeinde

zu zeigen. Das Geöffnetsein wie auch das Abgeschlossensein haben eine enorme symbolische Kraft. Eine abgeschlossene Kirche kann Menschen, die auf der Suche nach Hilfe oder geistlicher Stärkung sind, nachhaltig verstören. Es sollen schon Menschen aus der Kirche ausgetreten sein, weil sie in der Stunde der Hilfesuche auf eine verschlossene Kirchentür stießen. Umgekehrt kann eine geöffnete Kirche eine sehr positive Wirkung entfalten.

Ein Kirchenraum zeichnet sich dadurch aus, dass er die Möglichkeit der Ruhe, des Durchatmens, der geistlichen Erbauung bietet und den Lärm der Straße hinter sich lässt. Manche Menschen, die die Kirche aufsuchen, möchten somit einfach Ruhe finden. Sie kommen, um sich auf sich selbst und auf Gott zu besinnen, vielleicht in einer schwierigen Zeit ihres Lebens. Sie erwarten seelische Stärkung und tanken neue Kraft. Sie wissen: Dieser Ort ist anders als alle anderen. Man sollte es sich daher gut überlegen, einen Ruhe ausströmenden, sozusagen »sakralen« Raum durch einen Multifunktionsraum zu ersetzen, der zwar modern wirkt, aber technische Kälte ausstrahlt. Übrigens: Die Aussage, Gott brauche keine besonderen – »sakralen« – Räume, oder die evangelische Kirche kenne keine heiligen Orte, ist zwar richtig, ist aber nur eine Seite der Medaille. Es geht zugleich darum, dass Räume und Orte die Besinnung auf Gott fördern *oder* aber behindern können.[23]

Ein guter Kirchenraum verkündet auch ohne Worte die gute Botschaft. Das kann durch die durchdachte Architektur, durch gehaltvolle Gegenstände (Altar, Kreuz, Bibel, Kerzen, durch Musikinstrumente wie die Orgel), durch Malereien und sonstige Kunst geschehen. Nicht unterschätzt werden dürfen der Geruch und das Licht. Eine modrig riechende, unsauber wirkende, vielleicht sogar düstere Kirche spricht genauso für sich wie ein Kirchenraum, der sich durch aufhellende, ansprechende, das natürliche Licht gezielt einsetzende Gestaltung auszeichnet. Eine bewusste, regelmäßige Begehung der eigenen Kirche unter diesen Gesichtspunkten hilft, das Bewusstsein für solche Aspekte zu schärfen und bei Bedarf zu handeln.

Gerne präsentieren wir unsere Kirche auch Menschen, die nur mal auf einen Sprung, z.b. als Tourist, hereinschauen möchten. Urlaubseindrücke sind oft nachhaltig. Ich habe als Tourist schon Führungen durch Kirchen erlebt, bei denen ich den Eindruck hatte, dass dieses Gebäude ein Relikt aus der Vergangenheit ohne Bezug zur Gegenwart ist. Oftmals sind es Gästeführer, die vom aktuellen kirchlichen Leben offenbar wenig Ahnung haben und nur ihre geschichtlichen Daten und historischen Anekdoten kennen. Nicht selten wird auch über die Kirchengeschichte spöttelnd gewitzelt und so ein zwar kurzweiliges, aber höchst oberflächliches und verzerrtes Bild von Gemeinde vermittelt. Genau so sollte man »Kirche« aber nicht darstellen! Besitzt eine Gemeinde also eine Kirche, in der Führungen stattfinden, stellt sie sinnvollerweise in den Fokus, dass dies das Gotteshaus einer lebendigen Gemeinde ist, die heute und hier ihren christlichen Glauben lebt. Das Historische darf erklärend hinzukommen, aber kein Selbstzweck sein.

Es macht daher Sinn, sich sehr genau zu überlegen, wer in unserer Kirche Führungen durchführt. Er sollte dafür qualifiziert sein. Hat der- oder diejenige Ahnung vom kirchlichen Leben *heute*? Kennt er/sie den eigentlichen Sinn und Zweck dieses Gebäudes? Hat er/sie ein Gefühl für Gottesdienst und Gemeinde?

In jede Kirche gehört ein Gästebuch. Ich habe in unsere täglich geöffnete Kirche im kleinstädtischen Kontext vor einigen Jahren das erste Gästebuch aufgelegt. Die 280 Seiten waren nach einem guten Jahr voll! Blättert man die Seiten durch, so hat man den Eindruck, dass die halbe Welt ein und ausgeht. Menschen von Saarbrücken bis Berlin, vom Allgäu bis Bielefeld freuen sich darüber, dass sie hier sein dürfen. Gäste aus der Schweiz, den Niederlanden und Belgien bringen ihr Staunen über dieses Gotteshaus zum Ausdruck. Amerikaner aus Texas, Michigan, Washington, Ohio, Virginia und Utah danken für die Eindrücke, die sie hier erleben. Jemand erinnert sich daran, dass er 1946 hier getauft wurde. In Kinderschrift schreibt ein Kind, dass es für Opa eine Kerze angezündet hat. In fremder Sprache tragen Menschen aus Estland, Norwegen und Korea vermutlich ihre Grüße und ihre Bitten für Gott ein. Auch Menschen aus Indonesien und sogar Australien suchen nach ein paar Worten, um ihre Gefühle und Anliegen zum Ausdruck zu bringen.

Vielleicht ist uns die Bedeutung unserer Kirche, die für uns zum alltäglichen Anblick gehört, nicht immer bewusst. Die vielen Gäste können die Gemeindemitglieder dazu inspirieren, ihren Beitrag zu einer vielgestaltigen, zur Welt hin geöffneten Gemeinde zu erbringen! Eine geschlossene Kirche macht dies alles zunichte!

Wenn ein Kirchengebäude über Glocken verfügt, ist auf ihre sinnvolle Verwendung zu achten. Denn sie tragen akustisch eine Lebensäußerung der Gemeinde räumlich noch weiter, als ein Gebäude optisch wirken kann. In Zeiten, in denen die Christen vielerorts zu Minderheiten geworden sind oder bald werden, gerät die Gemeinde bisweilen in Begründungsnot für das Läuten ihrer Glocken. Hier ist abzuwägen, ob das Glockengeläut von der Mehrheit der Bevölkerung akzeptiert wird. Denn es ergibt keinen Sinn, den Wandel der Zeit zu ignorieren und Konflikte zu provozieren. Oftmals kann man Kompromisse eingehen, z.B. indem man weniger läutet oder mit Schallläden am Glockenturm das Läuten dämpft, und muss das Geläut nicht gleich vollständig einstellen. Wir leben in Zeiten, in denen auch das Läuten von Kirchenglocken als »Lärm-Emission« verstanden wird.

Eine Argumentationshilfe – neben dem Recht auf freie Religionsausübung – könnte sein, dass die christliche Gemeinde mit ihren Glocken Botschaften weitergibt, die auch die nichtchristliche Öffentlichkeit betreffen. So luden die Glocken während der Corona-Pandemie vielerorts regelmäßig dazu ein, mit den Erkrankten und den Helfer*innen (Personal in Krankenhäusern usw.) Solidarität zu zeigen. Während des Ukrainekrieges mahnten vielerorts Kirchenglocken zum Frieden. Themen also, die nicht nur Christen betreffen. Andererseits dürfen Kirchenglocken auf keinen Fall für politische Zwecke missbraucht oder für folkloristische Veranstaltungen abgenutzt werden. Sie verlieren dadurch ihre Glaubwürdigkeit und ihre eigentliche Bedeutung, nämlich zum Gottesdienst einzuladen.

2.3.2 Das Gemeindehaus

Menschen sehnen sich nach Helligkeit, Bewegungsfreiheit und Luft zum Atmen, wenn sie ein Gebäude betreten. Alles, was bedrückt, schlägt sich auch auf das seelische Wohlbefinden nieder und somit auf die Frage, ob ich mich hier gerne aufhalte. Genau diese Frage müsste für die Verantwortlichen eines Gemeindehauses die Leitfrage sein: Halte ich mich hier gerne auf? Die ehrliche Beantwortung dieser Frage führt zu Konsequenzen: Die Gemeinde passt die Räumlichkeit und ihre ganze Ausstrahlung im Interesse des Wohlbefindens an.

In jeder Gemeinde gibt es Menschen, die ein Händchen für gute Einrichtung haben. Ihnen kann man die Aufgabe übertragen, das vorhandene Inventar einmal kritisch in Augenschein zu nehmen und Vorschläge zu seiner Verbesserung zu erarbeiten. Das muss keine komplette Neuanschaffung sein; es reicht oft eine erfrischende und zeitgemäße Aufhübschung oder Umstellung.

Das Gemeindehaus darf nicht leblos wirken durch heruntergelassene Rollläden oder verwahrloste Grünstreifen, um die sich augenscheinlich schon sehr lange niemand mehr gekümmert hat. Wirkt das Gemeindehaus tot, ist offenbar auch die Gemeinde nicht sehr lebendig. Schon von außen darf erkennbar sein, dass in diesem Haus Leben stattfindet. Kinder dürfen Fenster bemalen und schmücken, aber dann den Fensterschmuck bitte auch regelmäßig erneuern und nicht ein Jahr lang nichts daran ändern.

Es dient der übergemeindlichen Vernetzung, wenn ich das Gemeindehaus auch nichtkirchlichen Gruppen zur Verfügung stelle. Mit der Vermietung an Vereine oder an Privatpersonen zum Beispiel für Familienfeiern leistet die Gemeinde einen weiteren Beitrag zum Wohl der Allgemeinheit und eröffnet Chancen, miteinander ins Gespräch zu kommen.

Eine Gemeinde, die auf Draht ist, hält im Gemeindehaus stets aktuelles Infomaterial über die Gemeinde bereit, in dem zu den Angeboten der Gemeinde eingeladen wird. Je nachdem auch mehrsprachig, und gerne auch witzig: im Dialekt!

2.3.3 Das Pfarrhaus

In Zeiten von Sparmaßnahmen steht mancherorts auch das Pfarrhaus zur Disposition. Bisweilen wird als Lösung empfohlen, dass der Pfarrer oder die Pfarrerin irgendwo eine Mietwohnung nehmen soll, damit die Gemeinde das Pfarrhaus verkaufen kann. Mit dem Verkaufserlös werden dann Löcher im Haushalt gestopft. Aber ist das wirklich eine gute Lösung? Und was verkauft man in

der nächsten Krise? Es ist leicht möglich, dass man mit der Veräu
ßerung des Pfarrhauses einen unumkehrbaren Rückbauprozess
der Gemeinde in Gang setzt.

Die Gemeinde muss sich darüber im Klaren sein: Wer das Pfarrhaus abschafft und den Pfarrer oder die Pfarrerin und ihre Familie in eine x-beliebige Mietwohnung verpflanzt, verspielt enorme
Chancen! Denn ein Pfarrhaus kann gewaltige und nachhaltige
Strahlkraft haben, und zwar auf Außenstehende wie auf die Gemeinde. Ja, es kann sogar, ähnlich wie die Kirche, für eine Gemeinde
über Generationen hinweg ein identitätsstiftender Baustein sein.
Die Abschaffung des Pfarrhauses kann daher eine Lebensader der
Gemeinde verletzen. Manchen Gemeinden würde man ein Stück
ihrer Seele aus dem Leib reißen, wenn man ihr Pfarrhaus veräußern
würde. Seine Erhaltung lohnt daher jede Anstrengung.

Das Pfarrhaus gehört zum »Gesicht« der Gemeinde.
Den Pfarrer oder die Pfarrerin in irgendeine gesichtslose Dienstoder Privatwohnung zu verfrachten, verkennt die Tatsache, dass
Gemeindearbeit wesentlich Beziehungsarbeit ist. Und genau dem
dient auch ein Pfarrhaus. Denn Beziehungsarbeit erfordert Präsenz. Verwaltungs- und Finanzfachleuten, die für die Abschaffung
von Pfarrhäusern plädieren, ist das nicht immer bewusst. Denn sie
denken nicht vom Alltag der Gemeinde und des Pfarrers oder der
Pfarrerin her, auch nicht in den Kategorien von Beziehungsarbeit
und Gemeindeaufbau.

Mancherorts haben es neue Pfarrer*innen schwer, in die Gemeinde hineinzufinden, weil sie nicht in räumlicher Nähe zu ihr
leben. Das wirkt sich auch auf die Möglichkeiten und letztlich die
Qualität der Arbeit aus. Denn aus der Ferne und unpersönlich lässt
sich vieles nicht so gut steuern, planen und ausführen wie direkt
und persönlich. Vor allem fehlt der persönliche Kontakt. Auch
digitale Kommunikation kann leibliche Präsenz im Leben der Ge

meinde nicht ersetzen. Darunter leidet die Beziehungsarbeit und somit die Gemeindearbeit. Wenn ich in meiner Gemeinde z.B. zu Fuß unterwegs bin, weil vieles in fußläufiger Nähe zum Pfarrhaus liegt, ergeben sich oft ganz unerwartet wichtige und manchmal auch weitreichende Begegnungen. Steuert hingegen ein Kollege, der nicht in seiner Gemeinde wohnt, dreimal in der Woche zu den Sprechzeiten sein Gemeindebüro von außen mit dem Auto an, wird er zwangsläufig viele Blumen, die am Wegesrand blühen, übersehen. Für mich als Gemeindepfarrer war das Pfarrhaus daher immer eine entscheidende Frage bei der Bewerbung in eine Gemeinde.

Im Grunde spiegelt sich im Pfarrhaus vieles, was wir bereits angesprochen haben: Nähe, Gastfreundschaft, Zuverlässigkeit, Offenheit, Kontinuität in allem Wandel und vieles mehr, was eine Gemeinde positiv erscheinen lässt und ihr Wurzeln und Bestand, somit ein Stück Qualität verleiht. Nur ein paar kleine Beispiele, wie ein Pfarrhaus im Laufe des Jahres nach außen strahlen kann:

- Im Sommer findet im Pfarrgarten ein Grillen für Mitarbeitende oder für Konfirmanden statt.
- Im Herbst wird auf den Obstbäumen im Pfarrgarten Obst geerntet, das zu Marmelade verarbeitet wird, die auf dem Gemeindefest als »Marmelade aus dem Pfarrhausgarten« reißenden Absatz findet.
- In der Adventszeit lädt die Pfarrfamilie zum lebendigen Adventskalender ein, wo Menschen bei Glühwein und Gebäck sich vor dem Adventsfenster des Pfarrhauses versammeln und Lieder singen.
- Zum eigenen Geburtstag lädt der Pfarrer oder die Pfarrerin zum kleinen Empfang ins Pfarrhaus ein.

- Im Hof des Pfarrhauses findet einmal im Jahr ein Flohmarkt zugunsten eines aktuellen Projektes statt.
- Noch viel entscheidender: Die gesamte Pfarrfamilie mitsamt Kindern und Hund ist in die eigene Gemeinde und ihren Kontext integriert. Sie kennt Kindergarten, Schule und Vereine, in die sie selbst geht. Könnte das eine Pfarrfamilie, die außerhalb wohnt?

Daraus folgt: Es lohnt jede Anstrengung, das Pfarrhaus zu erhalten. Ist es zu groß oder energetisch, wirtschaftlich oder aus sonstigen Gründen nicht mehr haltbar, wäre zunächst zu prüfen, ob aus dem Verkaufserlös nicht ein wirtschaftlicheres, vielleicht kleineres Pfarrhaus gekauft werden kann. Das ist eine zeitgemäße Anpassung und sehr viel gemeindefreundlicher, als auf ein Pfarrhaus für die Zukunft ganz zu verzichten.

2.3.4 Das Pfarr- oder Gemeindebüro

In vielen Gemeinden gibt es für die Arbeit des Pfarrers oder der Pfarrerin einfach nur einen abgegrenzten Amtsbereich im Pfarrhaus. In größeren Gemeinden aber gibt es ein Pfarr- oder Gemeindebüro, in dem viel Publikum ein- und ausgeht. Auch dieses Publikum gewinnt Eindrücke, verarbeitet sie und trägt sie weiter. Es lohnt sich daher, auch bei der Öffnungspraxis und Einrichtung des Gemeindebüros etwas Anstrengung zu investieren.

Das Prinzip der guten und schönen Ordnung gilt auch hier. Hat man feste Öffnungszeiten des Büros ausgewiesen, so gilt es, sie zuverlässig einzuhalten. Schließ- oder auch Urlaubszeiten daher bitte rechtzeitig kommunizieren.

Für die Einrichtung des Büros mag man unterschiedliche Konzepte wählen, sei es wohnlich, sei es minimalistisch, das Entscheidende ist immer, dass sie ihrem funktionalen Charakter gerecht wird. Sie darf die Arbeit nicht stören. Ein Büro hat dienende Funktion und wird folglich samt dem Büropersonal dem Pfarrer oder der Pfarrerin und der Gemeinde zuarbeiten. Einen guten Eindruck macht es, wenn Gäste und Personen, die Anliegen haben, sich willkommen fühlen und zugleich merken, dass die, die hier arbeiten, wissen, was sie tun. Das Personal darf nicht den Eindruck erwecken, bei der Arbeit »gestört« zu werden, denn die Menschen und ihre Anliegen *sind* ihre Arbeit.

Eine regelmäßige Auffrischung des Büros tut allen gut. Sehr leicht kann ein in die Jahre gekommenes Büro angestaubt wirken. Man darf nicht vergessen, dass es repräsentativ für die Gemeinde ist! Das uralte Foto von der Kirche an der Wand hätte längst durch ein modernes ersetzt werden können. Der Zinnteller erzählt von vergangenen Zeiten und löst beim Besucher unwillkürlich die Frage aus: Leben etwa auch die, die hier arbeiten, in vergangenen Zeiten? Wände mit Patina, alte Bilder an denselben, schon der angerostete Schirmständer sprechen Bände, ohne dass es diejenigen, die hier täglich arbeiten, noch merken.

Es wirkt tierfreundlich, wenn auch Platz für eine Katze oder ein Aquarium ist. Aber es ist zu bedenken: Tiere dürfen nie nur Dekoration sein, sondern es sind Lebewesen, die geeignete Lebensräume und Menschen, die sich artgerecht um sie kümmern, brauchen.

Besuchen Familien mit Kindern das Büro, wirkt es aufmerksam, wenn auch die Kinder etwas zu schauen oder anzufassen haben, das ihnen gefällt. Eine kleine Handreichung z.B. in Form eines Bilderbuchs hinterlässt bei Eltern und Kindern einen guten Eindruck.

Im Büro wird für Besucher alles erforderliche Material zum Mitnehmen bereitgehalten. Aktuelle Informationen, hilfreiche

Kontaktadressen und Einladungen sind die Hauptinhalte dieses Materials.

Das Büropersonal sollte die regelmäßige Chance bekommen und Bereitschaft mitbringen, Fortbildungen zu besuchen. Das Personal muss übrigens nicht unbedingt aus der eigenen Gemeinde kommen. Allzu persönliche Bindungen an Gemeindemitglieder führen mitunter dazu, dass im Büro »Kaffeeklatsch« stattfindet und die Arbeit leidet. Außerdem ist eine gesunde Distanz der Pfarramtssekretärin, die ja schließlich auch dienstlichen Verschwiegenheitsgeboten und Datenschutzgeboten untersteht, der Arbeit dienlicher als eine verwandtschaftliche, freundschaftliche oder gar kumpelhafte Nähe zu den Menschen.

2.3.5 Die Kindertagesstätte

Das alte Wort »Kindergarten«, das auf den Stifter des ersten Kindergartens, Friedrich Wilhelm August Fröbel (1782-1852), zurückgeht, ist im Vergleich zu »Kindertagesstätte«, »Kleinkinderschule« usw. nicht nur anschaulicher, sondern auch bedeutungsreicher. Nicht nur, dass ein umhegter und gepflegter Garten mit seinen unterschiedlichen Beeten, Blumen und sonstigen Pflanzen ein vielsagendes Bild für die Kinder in all ihrer Vielfalt und für ihr Miteinander ist. Der Begriff bringt auch unsere Verantwortung als Gärtner*innen im Blick auf Schutz und Pflege gegenüber den Kleinen zum Ausdruck. Hier bilden die Kinder Wurzeln aus, entwickeln ihr Potenzial und erhalten eine Vorprägung für ihr ganzes Leben, nicht nur was die Bildungsgrundlagen betrifft, sondern insbesondere auch hinsichtlich sozialer und emotionaler Kompetenzen, nicht zuletzt auch im Blick auf Resilienz, d. h. auf die Fähigkeit, schwierige Lebenslagen unbeschadet zu bewältigen.

Es würde zu weit führen, hier im Einzelnen die Schritte zur Ausarbeitung eines Gesamtkonzeptes für die Kindergartenarbeit vorzustellen. Es müssen ein paar Hinweise genügen, die aber wichtig sind, wenn die Gemeinde ihren Kindergarten gut führen und ihn als ansprechenden Lebensraum für Kinder und Personal präsentieren möchte.

Der Kindergarten als außerfamiliäres Lern- und Lebensfeld ermöglicht für die Kinder Entwicklungschancen, die die Familie allein nicht bieten könnte. Gerade was die Entwicklung sozialer Fähigkeiten betrifft, Wertschätzung des anderen, Hilfsbereitschaft, Konfliktfähigkeit, auch Umgang mit Frustration usw., kann es für ein Kind kaum ein besseres Übungsfeld als den Kindergarten geben. Hier werden schon die Grundlagen für die Gemeindekultur gelegt.

Ein christlicher Kindergarten wird ein klares Leitbild haben, das öffentlich einsehbar ist und in dem seine Erziehungs-, Betreuungsmethoden und Bildungsinhalte sowie Erziehungsziele aufgezeigt werden. Ein christlicher Kindergarten wird sich in all diesen Fragen von den Werten der Wertschätzung, der Würde des Einzelnen, der Schutzbedürftigkeit und Gleichberechtigung leiten lassen. Das Kind schützen heißt auch, es gegen gesellschaftliche Überforderung und Ansprüche in Schutz nehmen, die es traumatisch überlasten können. Das Kinderschutzkonzept wird auch den Eltern kommuniziert.

Der christliche Glaube ist kein Teilbereich irgendwo im Gesamtkonzept. Vielmehr werden sich die christlichen Werte in allen Teilbereichen spiegeln, wenn der christliche Kindergarten nicht durch einen beliebigen anderen Träger ersetzbar sein möchte.

Offene Kommunikation, Partizipation und Transparenz gegenüber Eltern sind Grundprinzipien. Insbesondere ist aber auch die Einbindung der Eltern als aktiv Mitarbeitende wünschenswert. Denn der christliche Kindergarten möchte, dass die Kinder auch in ihrem Leben »draußen« das erfahren, was sie als Kinder im Kindergarten vorgelebt bekommen. Das geht nur, wenn das Elternhaus dies unterstützt. **Die christliche Existenz umfasst immer das ganze Leben.** Die Gemeinde als Träger der Einrichtung trägt Verantwortung gegenüber den Mitarbeitenden, den Kindern und den Eltern. Es versteht sich daher von selbst, dass die Kindertagesstätte und alles, was mit Kindern zu tun hat, nicht »stiefmütterlich« behandelt werden darf. Mag dieser Begriff auch nicht unbedingt fair sein, so ist er doch symbolträchtig. Der Kindergarten muss auf der Prioritätenliste ganz oben stehen. Nicht nur, weil wir es den Kindern schuldig sind, sondern auch weil die Kita eine große Strahlkraft nach außen hat.

Der Kindergarten bietet mit seiner vielfältigen Vernetzung eine herausragende Chance zur kulturellen und öffentlichen Begegnung. Die Kinder besuchen die Feuerwehr, den Bäcker, den Zahnarzt, den Bauern und viele weitere Vertreter des öffentlichen und privatwirtschaftlichen Lebens. Die zahlreichen Möglichkeiten zur Kooperation sollten gepflegt und stets aktualisiert werden.

Was ist nun das Spezielle des christlichen Kindergartens? Das Spezielle spiegelt sich in der Deutung des Lebens und im praktischen Leben wider.

- Eltern und Kinder nehmen ihr Familienleben als Segen wahr und sie sind selbst ein Segen für andere.
- Die Kinder werden nicht an ihren Fähigkeiten gemessen, sondern als Menschen mit gleicher Würde angenommen. Sie fühlen sich wertgeschätzt.
- Die Kinder schöpfen aus ihrem Glauben, den die Erzieher*innen vorleben, Kraft und Lebensmut.

- Die christliche Liebe, die sich in der Nächstenliebe spiegelt, ermuntert Kinder dazu, hilfsbereit zu sein.
- Die christliche Hoffnung und Geduld stärkt die Resilienz der Kinder und gestaltet Zukunft.
- Die christliche Freude wendet sich als Grundstimmung des Christen gegen den kalten Zynismus unserer Gesellschaft.
- Das Gebot des Friedens wirkt deeskalierend, fördert Konfliktfähigkeit und Versöhnungsbereitschaft.
- Die Grundhaltung der Dankbarkeit geht wertschätzend mit Menschen und Gütern um, die für uns da sind.
- Das Selbstverständnis als Geschöpf Gottes weckt Achtung gegenüber der ganzen Schöpfung.
- Eine gefestigte Position des Glaubens macht kritisch gegenüber Machtansprüchen Dritter und verteidigt die Freiheit des Glaubens und des Gewissens.

Kinder haben Rechte, ihre Grenzen sind stets und individuell auszuloten, auch um sie vor Selbstüberschätzung zu schützen, und es dürfen ihnen schon angemessene Aufgaben übertragen werden, für die sie mit Unterstützung Verantwortung tragen können, und sei es nur das Gießen eines Beetes, um zu staunen, was sie bewirken können.

Fehlende Weitsicht und falsche öffentliche Bauplanung haben dazu geführt, dass Kitas mancherorts regelrecht eingeklemmt sind zwischen anderen Gebäuden. Verkehrschaos vor dem Kindergarten, Beschwerden von Nachbarn über ständigen Lärm – nicht der Kinder wohlgemerkt, sondern des Verkehrs! –, sind dann Dauerprobleme. Vor allem aber fühlen sich die Kinder eingeengt und stoßen schnell auf Zäune und Barrieren, wo sie doch Freiheit und Kreativität ausleben möchten! Das fördert nicht gerade die Ausgeglichenheit der Kinderseele.

Licht und Leben, Verantwortung und soziales Miteinander im christlichen Horizont, das darf ein Kindergarten schon außen ausstrahlen. Ein Wasserspiel im Außengelände, ein gepflegter Barfußpfad, ein Gartenbereich mit Gemüse und Obst, selbstverständlich von den Kindern mitgeplant, Grünflächen und Platz für echte Tiere, die zeitweilig da leben können, und Raum für Experimente spiegeln die erzieherischen Ziele wider.

Ein Kindergarten ist wie geschaffen für den Einsatz der oben besprochenen Farbensprache und Farbsymbolik (siehe oben unter »In die Augen, in den Sinn«).

Eine gute Gemeindekultur achtet nicht nur auf das Wohlergehen der Kinder, sondern auch des Personals. Schallreduzierende Raumelemente, Räume für den persönlichen Rückzug und Vorsorge rund um Arbeitssicherheit und Gesundheit (z.B. Erzieherstühle, ergonomisch geprüfte Wickeltische) helfen dem Personal, den oft anstrengenden Kindergartenalltag durchzuhalten und motiviert zu bleiben.

2.4 Kleider spiegeln Leute

Biblische Reminiszenz:
»Da ging der König hinein zum Mahl, sich die
Gäste anzusehen, und sah da einen Menschen,
der hatte kein hochzeitliches Gewand an, und sprach
zu ihm: Freund, wie bist du hier hereingekommen und
hast doch kein hochzeitliches Gewand an?
Er aber verstummte.«
Matthäus 22,11-12

Wir haben einiges über die Gestaltung von Gebäuden, Räumen und Einrichtungen gehört. Aber wie gestalten wir uns eigentlich selbst, als Personen, die sich jeden Tag kleiden, einander begegnen und die allein schon durch ihr Äußeres, sozusagen nonverbal, eine Außenwirkung haben?

Betrachten wir das oben auszugsweise zitierte Gleichnis Jesu nur einmal auf der ersten Verstehensebene. Warum ist der König erbost über die unangemessene Kleidung des Gastes? Die Antwort: Das hochzeitliche Gewand der Gäste ist Ausdruck der Zugehörigkeit und der Wertschätzung des Königs, der der Gastgeber ist. Ich kleide mich für ein bedeutendes Fest, das meinem Gastgeber wichtig ist, nicht alltäglich. Das Mahl des Königs ist etwas Besonderes. Niemand wagt es daher, den Gastgeber zu verspotten, indem er sich unangemessen kleidet. Nur der eine tut es, indem er kein hochzeitliches Gewand trägt. Er drückt damit seine Geringschätzung gegenüber dem Gastgeber aus. Ihm liegt nichts an dem Fest, weil ihm nichts an dem Gastgeber liegt. Sein Äußeres ist ein Spiegelbild seiner inneren Haltung.

Natürlich ist das hochzeitliche Gewand hier nur Bildspender. Es dürfte für die Berufung und Bewährung in der Nachfolge Jesu

Christi stehen. Aber ist es Zufall, dass Jesus hier auf die Ausdruckskraft der äußeren Kleidung zurückgreift?

Nach dem Sieg über Japan empfing der amerikanische General Douglas MacArthur den japanischen Kaiser Hirohito bewusst hemdsärmelig. Und noch mehr: Er ließ sich neben dem militärisch unterlegenen Monarchen in einer lässigen Pose, die Hände auf die Hüfte gelegt, fotografieren. Eine gezielte Lässigkeit. Oder gar Überheblichkeit? Er wollte dem Besiegten und der Öffentlichkeit damit augenfällig klar machen, wie wenig er von dem Verlierer hält. Noch eine andere Interpretation ist möglich: Der General wollte dem als göttlich verehrten Kaiser klarmachen, dass auch er, der Kaiser, nur ein Mensch ist. Seine saloppe Kleidung, in der er dem Monarchen gegenübertrat, unterstrich diese Botschaft. Wie auch immer man es sieht, seine Kleidung hatte sicher Wirkung.

Es gibt somit eine einfache Grundregel, wie ich mich am besten kleide, und diese lautet: Wohlüberlegte Angemessenheit, denn auch meine Kleidung trägt eine unausgesprochene Botschaft. Sich »passend« zu kleiden, ist immer auch ein Zeichen von Wertschätzung meines Gegenübers. Somit handelt es sich bei ansehnlicher Kleidung und gutem Stil nicht nur um Etikette. Vielmehr ist es eine Aussage, die meine innere Einstellung verrät und meine Haltung widerspiegelt.

Mit schlechtem Stil und unangemessenem Äußeren sind wir auch in der Gemeinde konfrontiert. Mancher hat schon, unangenehm berührt, Gemeindevertreter erlebt, die auf dem 80. Geburtstag eines Gemeindemitglieds im abgewetzten Poloshirt auftauchen, in dem sie nachmittags möglicherweise ihr Fahrrad putzen oder am nächsten Tag Gartenarbeiten verrichten! Sie hinterlassen einen bleibenden Eindruck, und dieser ist kein positiver. Selbstverständlich kann auch lässige Kleidung angemessen sein. Aber es gibt einen Unterschied zwischen lässiger und vernachlässigter Garderobe.

Mancher Körperschmuck (Ohrringe, Halskettchen, auffällige Ringe, Tattoos) kann in einem gewissen Alter auch bei Männern dekorativ sein. Aber es tut auch der eigenen Entwicklung gut, wenn ich ihn nach einer gewissen Zeit überprüfe, anpasse oder dauerhaft entferne. Es ist kein Zeichen von Treue zu mir selbst, wenn ich mit 40 immer noch mit dem Ohrring aus meiner Studentenzeit herumlaufe. Ist es nicht eher ein Beweis dafür, dass ich nicht an mir arbeite?

Übrigens lehnen die Amischen, eine Gruppe sehr traditionell lebender Christen in den USA, alles, was glitzert, als Accessoires an der Kleidung ab. Man mag darüber schmunzeln, aber der Grund ist unter anderem, dass die Glitzerteile an das Militär erinnern. Ich empfehle nicht die Kleidung der Amischen, deren Lebensweise ich mir in der Nähe von Philadelphia/USA bei einem Besuch angeschaut habe. Aber ihre Einstellung zur Kleidung ist gar kein schlechter Impuls, um einmal darüber nachzudenken, was angemessene Kleidung bedeutet.

Liturgische Kleidung erfordert Augenmaß. Bitte kein Stilmix, bei dem Kleidungsstücke bunt und munter miteinander verbandelt werden! Ein Beispiel: Evangelischer Talar und Stola passen nicht zusammen. Die Kombination kann nicht funktionieren und ist ein sprechendes Beispiel für gut gemeinte, aber schlecht gemachte Ökumene, zudem für ein schlechtes Auge. Beide Kleidungsstücke haben von ihrer Historie, ihrer Symbolik und ihrer Konzeption her nichts miteinander zu tun und beißen sich einander nicht nur in ihrer Aussage und ihrem Selbstverständnis, sondern auch augenscheinlich. Bereits ein oberflächlicher Blick sollte jedem zeigen, dass die Stola den Schulterbesatz und den Faltenwurf des Talars verdeckt und somit elementare Bestandteile des Gewandes stört. Trägt man etwa über einer Krawatte einen Rollkragenpullover? Auch unabhängig von der Frage, ob ein Talar nun ein liturgisches Gewand oder eine Amtstracht ist, klar ist jedenfalls: Ein Talar ist von seiner Konzeption her ein in sich vollständiges Kleidungsstück, das einer Ergänzung weder bedarf noch sie verträgt. Dies nur als Denkanstoß!

Schließlich noch ein sprechendes Beispiel aus der Bibel. Nachdem der verlorene und am Ende verwahrloste Sohn zurück zu seinem Elternhaus gefunden hat, ordnet der Vater sogleich an: »Bringt schnell das beste Gewand her und zieht es ihm an und gebt ihm einen Ring an seine Hand und Schuhe an seine Füße«. (Lukas 15,22) Geht es hier um Prunk? Nein, sondern der Vater möchte, dass die Würde seines Sohnes wiederhergestellt wird. Die Schuhe stehen für die Freiheit, die er wiedererlangt hat, der Ring für die Teilhabe und Vollmacht am Eigentum des Vaters, das Gewand stellt seine Ehre wieder her. Es ist der Vater, der dem Sohn dies ermöglicht und ihm somit signalisiert: Du gehörst zu mir.

In einer christlichen Gemeindekultur spiegelt das Äußere, dass der Mensch auch innerlich richtig »gekleidet« ist, denn Letzteres ist natürlich der entscheidende Punkt: »So zieht nun an als die Auserwählten Gottes, als die Heiligen und Geliebten, herzliches Erbarmen, Freundlichkeit, Demut, Sanftmut, Geduld; und ertrage einer den andern und vergebt euch untereinander ...! Über alles aber zieht an die Liebe, die da ist das Band der Vollkommenheit.« (Kolosser 3,12-14)

3 »Gestatten?« –
So präsentieren wir uns

Biblische Reminiszenz:
»Verhaltet euch weise gegenüber denen,
die draußen sind, und kauft die Zeit aus.«
Kolosser 4,5

3.1 Öffentlichkeitsarbeit –
Unsere »Visitenkarten«

»Nutzt klug jede Gelegenheit und lasst wertvolle Zeit nicht tatenlos verstreichen!« So könnte man die Worte aus dem Kolosserbrief
umschreiben. Gerade darauf kommt es bei der Außendarstellung
an, denn Außenstehende nehmen uns oft nur für einen kurzen
Augenblick wahr, der darüber entscheiden kann, welchen Eindruck wir hinterlassen.

Bei der Öffentlichkeitsarbeit der Gemeinde kommt es zum einen auf die Reichweite an. Zu diesem Zweck sind die hier behandelten Medien unverzichtbar. Bei der Wahl des richtigen Mediums ist aber insbesondere zu berücksichtigen, ob ich genau die Menschen erreiche, die meine Zielgruppe sind. Die folgenden Medien sind daher nur eine Auswahl. Sie sollten in keiner Gemeinde fehlen, müssen aber in der zielgruppenorientierten Öffentlichkeitsarbeit durch weitere Printmedien wie Flyer, durch Videokanäle im Internet oder durch persönliche Anschreiben und weitere Medien ergänzt werden.

Zu bevorzugen sind stets Medien, in denen wir freie Gestaltungswahl haben. Denn wir haben das Recht, uns so darzustellen, wie wir uns sehen. Rundfunk und Fernsehen hingegen stellen die Gemeinde durch die Brille von Journalisten, Reportern usw. dar und folgen Regeln, die zu einem verkürzten oder verzerrten Bild führen können. Sie sind daher für die Öffentlichkeitsarbeit weniger geeignet.

3.1.1 Der Schaukasten

Es mag überraschen, aber es gibt inzwischen sogar Bücher darüber, wie man einen Schaukasten kreativ gestaltet. Was erstaunlich klingt, ist durchaus ernst gemeint – und bitter nötig. Denn die Reizüberflutung unserer Zeit bringt es mit sich, dass Menschen nur noch das wahrnehmen, was auf originelle Weise auf sich aufmerksam macht. Die vielerorts anzutreffende Praxis, die Scheibe des Schaukastens kurz aufzuklappen, ein Plakat hinter halb zerbrochene Haftmagnete zu klemmen und die Scheibe wieder zuzuknallen, ist jedenfalls kein erfolgversprechendes Modell. Denn auf diese Weise entsteht kein Schaukasteninhalt, den sich Passant*innen gerne anschauen.

Das bedeutet: Ein Schaukasten braucht stete Pflege und diese muss in den Händen eines kreativen Kopfes liegen.

Ein ungepflegter Schaukasten ist wie eine verdreckte Visitenkarte. Ein Schaukasten muss sauber, aktuell und gut sichtbar sein. Was mit einem Putzlappen und etwas Wasser in wenigen Handgriffen erledigt werden kann, scheint doch in manchen Gemeinden leider eine Überforderung darzustellen. Es muss einfach nur geklärt werden, wer den Reinigungsdienst übernimmt. Schon strahlt die »Visitenkarte der Gemeinde«, wie der Schaukasten manchmal genannt wird, stets in freundlichem Glanz.

Niemand interessiert sich für eine Zeitung von gestern. Folglich ist es kontraproduktiv, wenn in einem Schaukasten zum Gemeindefest eingeladen wird, das vor einem Monat stattfand. Im Schaukasten eines Nachbarortes wurde darauf hingewiesen, dass die Bücherei derzeit geschlossen sei – und das noch sechs Wochen, nachdem sie wieder geöffnet hatte. Die Folge mangelnder Aktualität wird sein, dass irgendwann keiner mehr reinschaut. Auch bei der Aktualisierung ist die Zuständigkeit zu klären, damit nicht jeder meint, der andere mache das schon.

Ist der Schaukasten sauber und aktuell, so ist es umso sinnvoller, wenn er Passant*innen direkt ins Auge springt. Denn die Informationen müssen ja schließlich an den Mann bzw. die Frau gebracht werden. Den Schaukasten also stets so positionieren, dass man direkt drauf schaut, wenn man sich nähert, und ihn nicht links liegen lässt!

Warum nicht auch die Dreidimensionalität des Schaukastens nutzen und ihn somit nicht nur als Fläche, sondern als Ausstellungsraum entdecken, der viel mehr ist als nur »schwarzes Brett«! Das Internet bietet umfängliche Beispiele, wie ein spannender Schaukasten aussehen kann. Thematisch kann das Kirchenjahr mit seinem Festkreis Gestaltungsprinzip sein, gerade in Zeiten, in denen das diesbezügliche Wissen verloren geht. Man wird staunen, was möglich ist. Wer soll es tun? Kreative Menschen finden sich in jeder Gemeinde. Erzieher*innen z.b. verfügen über einen unerschöpflichen Fundus an Ideen, was den kreativen Umgang mit allerlei Materialien betrifft, die sie zu einer Botschaft formen. Sie machen aus dem Schaukasten einen einzigartigen »Eyecatcher« für Passant*innen!

3.1.2 Der Gemeinde- oder Pfarrbrief

Der Gemeinde- oder Pfarrbrief, man mag ihn auch Magazin nennen, ist in den meisten Gemeinden, die räumlich klar umgrenzt sind, immer noch das wichtigste Medium der Öffentlichkeitsarbeit. Viele Gemeinden stellen ihn durch freiwillige Austräger*innen sämtlichen Gemeindemitgliedern zu. Ideal ist es, wenn er jedem Gemeindemitglied persönlich überreicht wird und nicht einfach im Briefkasten landet – also bitte klingeln! Oftmals sieht man als Leser*in am Gemeindebrief schon auf einen Blick, wie altbacken oder zeitgemäß, wie engagiert oder langweilig eine Gemeinde ist. Man bedenke: Er gelangt in viele Hände und spiegelt das Leben der Gemeinde in allen Facetten. Es lohnt sich daher, viel Mühe in dieses Medium zu stecken und es ständig zu verbessern. Das kostet zu viel Geld? Muss es nicht! Meine Gemeinde finanziert ihren Gemeindebrief ausschließlich über Inserate der ortsansässigen Geschäftsleute, ohne dass das Heft damit überladen wirkt. Das entschärft die Frage der Finanzierung und fördert so ganz nebenbei auch noch die – in jedem Fall sinnvolle – Kontaktpflege zur Welt der Geschäftsleute.

Welchen Titel sollen wir für unseren Gemeindebrief wählen? Obwohl es ja kein »Brief« im strengen Sinne des literarischen

Genres ist, ist der weit verbreitete Titel »Gemeindebrief« bzw. »Pfarrbrief« von Vorteil. Denn diese Bezeichnung ist ein Alleinstellungsmerkmal, d. h. jeder erkennt sofort, dass es sich um etwas Kirchliches handelt. Man sollte es sich daher sehr gut überlegen, ob man diesen Titel zugunsten einer vermeintlich »schnittigeren« Bezeichnung aufgeben will. Entscheidet man sich für Letzteres, so darf man es sich mit der Findung eines neuen Titels nicht zu leicht machen. Vielfach genutzte Titel wie »Brücke« oder »Turmhahn« sind nicht wirklich ein Gewinn. Kunstnamen, die z.b. aus den Abkürzungen der Dörfer im Einzugsgebiet zusammengesetzt sind, prägen sich nicht ein und sind nichtssagend. Es lohnt sich, einen Profi der Öffentlichkeitsarbeit und die Meinung Außenstehender einzuholen, bevor man im Gemeindevorstand eine Entscheidung trifft. Werbeagenturen können hier sinnvoll beraten. Das Ziel muss sein, einen griffigen und zugleich aussagekräftigen Titel zu finden. Ein sinnvolles Logo kann den Gemeindebrief aufwerten. Auch hier lohnt es sich, einen Profi Hand anlegen zu lassen. Es ist eine einmalige Investition, von der die Gemeinde lange Zeit profitieren wird.

Der Gemeindebrief ist vor allem Informations- und Andachtsblatt. Er darf nie Plattform für Polemik oder persönliche Auseinandersetzungen sein. Das stößt ab! Und so muss sich auch in ihm, wie in allen Druckerzeugnissen und sonstigen Medien der Gemeinde, natürlich auch die in der Gemeinde gelebte Kultur wiederfinden im Blick auf Sprache, Toleranz und Wertschätzung.

Publizistische Erzeugnisse, die nicht in der Gemeinde entstanden sind, die aber die Gemeinde austeilt, z.B. in der Kirche oder im Gemeindehaus auslegt oder dem Gemeindebrief beilegt, müssen die gleichen Standards erfüllen wie die gemeindeeigenen Medien. Daher vorher bitte prüfen! Traktate auszulegen, in denen problematische Gruppierungen eine diskriminierende oder diskreditierende Sprache wählen, z.B. andere als »Ungläubige« bezeichnen, oder einen Absolutheitsanspruch formulieren, verbietet sich. Archaische, gewaltaffine Gottesbilder, überholte Polarisierungen zwischen Menschen und überhebliches Herunterblicken auf andere dürfen von der christlichen Gemeinde weder verbal, schriftlich oder in Bildern gefördert werden. Entsprechende Gruppen dürfen keine Plattform erhalten. Im Gegenteil dient eine aktive Abgrenzung ggf. der Klarheit der eigenen Position auch nach außen. Die Gemeinde bezeugt den menschenfreundlichen Gott.

3.1.3 Digitale Präsenz

Es ist von großem Vorteil, wenn eine Gemeinde auch digital erreichbar und kommunikationsfähig ist. Denn für immer mehr Menschen ist es selbstverständlich, die gewünschten Informationen im Internet zu suchen und zu finden. Ist die Gemeinde hier nicht präsent, erschwert sie die Kontaktaufnahme und lässt durchblicken, dass sie noch nicht auf der Höhe der Zeit angekommen ist.

Dabei geht es aber nicht darum, mit dem Strom der Zeit zu schwimmen, weil es alle machen. Sondern es gibt klare Gründe: Digitale Kommunikation ist viel aktueller und schneller, als es Printmedien sein können. Und sie kann viel mehr hilfreiches Material anbieten (Videos, Fotos, Formulare, Informationen usw.) als dies ein eng begrenztes und in seinen Möglichkeiten eingeschränktes Printmedium tun könnte.

Die Homepage der Kirchengemeinde muss genau wie der Schaukasten aktuell und zuverlässig sein. Sie bietet zahlreiche Möglichkeiten, per Links auf weitergehende Seiten anderer Gemeinden und Organisationen zu verweisen und somit die ganze Kirche intern und nach außen zu vernetzen. Außerdem liefert sie per Verbindung zu sozialen Netzwerken oder Videoplattformen viele Möglichkeiten, die Gemeinde sehr lebendig darzustellen. Was bietet sich also mehr an, als diese Möglichkeiten der Präsentation und der Verkündigung zu nutzen! Es fehlt an technischer Kompetenz? Einfach die junge Generation ansprechen! Da finden sich immer Gemeindemitglieder, die sich mit Freude den neuen Medien widmen und »ihrer Gemeinde« gerne weiterhelfen. Und wenn man einen Profi engagieren und somit Geld ausgeben muss, immer bedenken: Das neue Medium bietet auch umgekehrt die Möglichkeit, ein breiteres Publikum potenzieller Förderer zu erreichen, und refinanziert sich somit selbst.

3.1.4 Lokale Zeitungen

Während Kirche in den flächendeckenden und meinungsmachenden Massenmedien oft nur Platz findet, wenn es etwas Negatives zu »berichten« gibt und ihr jede faire Möglichkeit einer korrigierenden Stellungnahme entzogen wird, haben lokale Medien, speziell Printmedien, den realen Bezug zum alltäglichen Leben ihrer Region und sind daher an konkreten Angeboten für ihre Leserschaft interessiert. Hier haben einschlägig arbeitende Publizist*innen auch weniger Raum zu pauschalen Verunglimpfungen als in den überregionalen Flächenmedien, denn die Menschen vor Ort kennen »ihre« Gemeinde und würden solche Angriffe leicht als Stimmungsmache durchschauen.

Somit bieten die lokalen Medien und die regionalen Blätter für die Gemeinde sehr gute Chancen und Möglichkeiten, das Gemeindeleben konkret und unvoreingenommen darzustellen. Es ist eine Chance, viele Menschen mit den Angeboten der Gemeinde zu erreichen oder rückblickend darüber zu informieren.

Die Kontaktpflege zu örtlichen Redaktionen lohnt sich daher. Wenn man die Zeitung der Region anfragt, ob sie einen ihrer Mitarbeitenden zu einer Gemeindeveranstaltung schicken könnte, z.B. zu einem Konzert oder einem Jubiläum, um darüber einen Bericht zu schreiben, dann ist das für die Gemeinde in aller Regel ein Gewinn. Es hält nebenbei das Gemeindeleben auch bei den Menschen präsent, die nicht kommen konnten, aber lokale Meldungen und Berichte lesen.

Lokale Anzeigenblätter, die allen Haushalten kostenlos zugestellt werden, bieten teilweise bei interessanten Veranstaltungen auch ihr Titelblatt als kostenlose Seite an, um auf anstehende öffentliche Ereignisse hinzuweisen. Es macht daher Sinn, zu der dafür zuständigen Redaktion Kontakt zu halten und rechtzeitig Interesse anzumelden, wenn die Gemeinde eine größere Veranstaltung plant, z.B. ein »Fest der Begegnung«. So rückt die Gemeinde ins Bewusstsein der Öffentlichkeit.

Da man in dieser Art lokaler Zeitungen die Textbeiträge oft selbst schreiben darf (oder muss), hat man auch einen sehr großen Einfluss auf die Art der Darstellung. Es ist daher geboten, sorgfältig zu arbeiten und die Meldungen nicht allzu routiniert und schnell zusammenzuschreiben. Seit Jahren dieselben Floskeln zu verwenden (»Das Gemeindefest war wieder ein großer Erfolg ...«) und nur die Daten zu aktualisieren, ist nicht sehr originell. Wenn dann noch ärgerliche Fehlangaben oder Rechtschreibfehler auftauchen, kann man sich vorstellen, wie nachlässig sich die Gemeinde hier der Leserschaft darstellt.

Fassen wir also zusammen: In den lokalen Medien haben wir die Möglichkeit und Aufgabe, unsere Gemeinde a) regelmäßig (z.B. wöchentlich) b) korrekt, c) konkret, d) originell, e) flächendeckend (weil alle Haushalte abdeckend) und f) stilistisch ansprechend zu präsentieren.

Wir erreichen auf diesem Weg nicht nur den engen Kreis unserer Gemeindemitglieder, sondern potenziell alle Menschen, die sich der lokalen Medien als Informationsquelle bedienen. Vielleicht fühlt sich der ein oder andere eingeladen, auch mal bei uns reinzuschnuppern. Umso wichtiger ist die stilistisch und inhaltlich ansprechende Weise der eigenen Präsentation. Es darf etwas von unserer Botschaft durchscheinen, aber es wäre kontraproduktiv, wenn die Leser den Eindruck gewönnen, es handele sich um einen geschlossenen Kreis Auserwählter, der für Außenstehende keine relevante Aussage habe.

3.2 Kulturelle Vernetzung – Gemeinsam etwas bewegen

Der Glaube ist etwas sehr Persönliches, aber es wäre falsch, ihn als Privatsache zu bezeichnen. Denn er wird nicht nur zu Hause oder in einem abgegrenzten Bezirk gelebt, sondern er äußert sich in meiner ganzen Art, wie ich lebe, er bestimmt meine Wertvorstellungen und meine Ideale, die ich verfolge, er spiegelt sich in meinen Überzeugungen und in meinen Alltagsentscheidungen, in meinem Umgang mit Menschen, ja, in meiner ganzen Persönlichkeit. Ich kann daher meinen Glauben niemals trennen von meinem Leben in der »Öffentlichkeit«, sei es im Beruf, in meiner Freizeit oder in meinem Engagement für die Gesellschaft.

Dazu kommt: Gemeinde lebt nicht auf einem anderen Planeten als die anderen Menschen. Sie ist vielmehr umgeben von vielfältigen Organisationen, Vereinen, Trägern öffentlichen und kulturellen Lebens. Und oftmals gibt es personelle Überschneidungen: Menschen, die in der Gemeinde aktiv sind, sind auch in anderen Bereichen außerhalb der Gemeinde engagiert. Dabei gibt es viele Organisationen, Verbände und Initiativen, die in Teilbereichen vergleichbare Ziele wie die christliche Gemeinde haben, z.B. Familienarbeit, Sonntagsschutz oder Flüchtlingshilfe. Es geht also um den gesamten sozialen, den Bildungs- wie überhaupt den kulturellen Bereich. Zusammenarbeit bietet daher für alle eine Chance.

Mit Kindergruppen der Gemeinde auf Entdeckungsreise zu gehen: Die Feuerwehr, den Förster, den Zahnarzt, den Apotheker, den Theaterschauspieler nach Vereinbarung an ihrem Arbeitsplatz aufzusuchen und miteinander ins Gespräch zu kommen, ist eine hervorragende Möglichkeit auf dem Weg zu einer frühen Vernetzung der Gemeinde mit der »Außenwelt«.

Jede Organisation, jeder Verein, jede Stadt und jedes Dorf haben in ihrem Jahresplan besondere Tage. Warum nicht einen Gottesdienst »bei ihnen zu Hause« anbieten, also im Vereinsheim, in der Stadthalle, auf dem Fußballplatz? Das geht nicht? Ich habe Gottesdienste unter Tage im Kalkbergwerk, auf der Burgruine zum Weinfest, auf dem Fußballplatz anlässlich des Fußballturniers, an der Bundesstraße am autofreien Sonntag, sogar in der Scheune mit Tieren in Kooperation mit dem örtlichen Tierärztehepaar gefeiert, um nur Beispiele zu nennen. Und die Erfahrung war immer die gleiche: Man begegnet Menschen, die nie in die Kirche gekommen wären, und in aller Regel sind es auch viel mehr als in einem »normalen« Gottesdienst. Menschen bedankten sich für das ungewöhnliche Erlebnis. Aus dem Versuch kann eine Regelmäßigkeit werden, die zur guten Tradition wird. Und es müssen nicht immer Gottesdienste sein. Mehrmals habe ich mich mit meiner damaligen Gemeinde in Kooperation mit Stadt und Fußballverein zu einem gemeinsamen Public Viewing bei der Fußball-EM und WM zusammengetan. Das ist eine Begegnung in einem ganz anderen Kontext und trägt zum gegenseitigen Kennenlernen viel bei.

Eine Zusammenarbeit im Bereich Musik kann eine große Bereicherung für die Gemeinde sein. Aus einer Kooperation mit Musikschulen, Musikvereinen und Ensembles sowie selbstständigen Solisten kann eine regelmäßige Zusammenarbeit erwachsen, die das Gemeindeleben bereichert und den Mitwirkenden eine neue Plattform bietet. Es ist also eine Win-win-Situation. Und man kann durch Kooperation auch auf eine ganz neue qualitative Ebene gelangen.

Hat sich eine Zusammenarbeit bewährt und handelt es sich um Projekte, die eine längere Planung erfordern oder finanzieller Mittel bedürfen, dann bietet es sich an, einen Kooperationsvertrag zu schließen. Er fördert die Verbindlichkeit und hilft, die regelmäßige Zusammenarbeit zu vertiefen. Das gibt den Beteiligten Sicherheit und entzündet ein kulturelles Leuchtfeuer, mit dem die Gemeinde immer wieder auf sich aufmerksam macht. Möchte man in seiner Gemeinde z.b. ein jährliches christliches Kindermusical anbieten, so kann man sich auf diese Weise die Talente und Mittel sichern, die man dafür braucht.

Gemeinde muss keine Angst haben, dass sie im großen Miteinander ihr christliches Profil verliert. Im Gegenteil: Gerade in der Auseinandersetzung mit unserem Umfeld wird sich verstärkt die Frage stellen, was eigentlich unser besonderer Beitrag als christliche Gemeinde ist. Die Gemeinde wird gestärkt aus der Zusammenarbeit hervorgehen und ihre Alleinstellungsmerkmale neu entdecken.

Es versteht sich von selbst, dass auch zwischen christlichen Gemeinden eine regelmäßige Kooperation sinnvoll ist und jede Gemeinde ihre Stärken und ihren Reichtum an Talenten einbringen kann. Einfach mal »über den Kirchturm« schauen! Neben etablierten Veranstaltungen wie dem Weltgebetstag eröffnen Angebote wie Kinderbibelaktionen, Basare für soziale Zwecke und Benefizkonzerte Türen zu regelmäßiger ökumenischer Kooperation.

Geschichtliche und inhaltliche Grundlage der christlichen Gemeinde ist und bleibt ein Buch: die Bibel. Darin liegen eine Menge möglicher Ansatzpunkte für eine kulturelle Vernetzung. Man wird Parallelen zu anderen Religionen finden, die man für die Kooperation mit anderen Glaubensrichtungen fruchtbar machen kann. Man denke z.B. an die religiösen Urerzählungen der Schöpfung, die man heute hin zur gemeinsamen Verantwortung für die Schöpfung entfalten kann. Die Wirkungsgeschichte des biblischen Glaubens lässt sich in vielfältigen öffentlichen Formen präsentieren, die über die Gemeinde hinaus Menschen einladen, sich damit auseinanderzusetzen, von der Kunstausstellung über Workshops bis hin zu Autorenlesungen. Überall gibt es Menschen, die sich auskennen und die sich dafür begeistern lassen, gemeinsam mit der Gemeinde etwas auf die Beine zu stellen. Wanderausstellungen, die übrigens nicht selten kostenlos verliehen werden, ermöglichen Vielfalt und lassen sich mit einem geselligen Besuchercafé verbinden. Auch Schulen lassen sich dafür gewinnen, ein Thema, z.B. »Schöpfung«, künstlerisch in der Kirche umzusetzen.

Heute bietet es sich für eine christliche Gemeinde an, auch an der sog. Gemeinwesenarbeit der kommunalen Initiatoren teilzunehmen. Die Gemeinwesenarbeit nimmt gezielt die Bedürfnisse der in der Region lebenden Menschen in den Fokus und animiert Menschen dazu, sich durch eigenes Engagement bei der Lösung von Problemen und der Erfüllung konkreter Bedürfnisse, wie z.B. Arzt- und Einkaufsfahrten für Senior*innen, einzubringen. Die christliche Gemeinde kann hier mit ihren personellen und geistlichen Ressourcen einen Beitrag leisten und als Teil der Gemeinwesendiakonie eigene Akzente setzen. Auf diese Weise nimmt sie ihren diakonisch-caritativen Auftrag wahr.[24]

3.3 Mission »erfüllt«: Gut reden von sich und seiner Gemeinde

Die oben geschilderte kulturelle Vernetzung macht bereits deutlich, dass Gemeinde nicht auf sich selbst konzentriert bleiben kann. Sie sollte auch nach außen wirken, ihre »Mission« erfüllen. **Es ist ein Wesensmerkmal der christlichen Gemeinde, ihre Botschaft auch denen zu sagen, die sie noch nicht gehört haben.** Das kann sie aber nur, wenn im Inneren eine geeignete, glaubwürdige, wertschätzende Kultur besteht. Kaum etwas ist unglaubwürdiger als eine Gemeinschaft, die nach außen predigt, was sie im Innern selbst nicht lebt. Menschen haben ein feines Gespür dafür, wenn jemand selbst nicht das spiegelt, was er redet. Daher noch einmal: Die Gemeindekultur, die im ersten Teil des Buches das Thema war, muss stimmen, damit Mission möglich ist.

Stets weiß die Gemeinde um ihren Auftrag, die christliche Botschaft Menschen zuzutragen, die sie entweder noch nicht kennen oder vielleicht noch einmal neu hören möchten. Das Wörtchen »zutragen« beinhaltet, dass die Gemeinde aktiv unterwegs ist, nach draußen geht und stets auf ihre Außenwirkung bedacht ist. Mission heißt »Sendung«. Die oben geschilderte kulturelle Vernetzung ist ein Baustein davon. Die Gemeinde ist selbst von ihrer »Mission erfüllt«, d. h. innerlich berührt, weil sich ihre Botschaft in ihrem Leben bewährt hat, und das motiviert sie und jedes ihrer Mitglieder, ihre Botschaft den Menschen draußen anzubieten.

Gelingt ihr dies, wird sie feststellen, dass immer mehr Menschen ihre Räume betreten und sie füllen. Auch in diesem Sinne kann man sagen: »Mission erfüllt«; sie füllt nämlich die Gemeinde und ihren Lebensraum mit Menschen, die etwas für ihr Leben Bedeutendes hören möchten. Werden Menschen, die bisher noch nicht zur Gemeinde gehörten, zu einem Teil dieser Gemeinde, weil die Botschaft bei ihnen »angekommen« ist, dann kann die Gemeinde schließlich mit Freude sagen: »Mission accomplished!« = »Auftrag erfüllt!«

Die Gemeinde darf nie selbstgenügsam sein, nie stehenbleiben. Stets sollte sie den Blick auf die richten, die nach ihr kommen und die die Gemeindekultur in die Zukunft tragen werden. Sie verbessert ihre Fähigkeit, Außenstehende einzuladen, zu be*geist*ern und zu gewinnen. Das wird auf Dauer kaum über originelle Events gelingen, deren Wirkung schnell verpufft, sondern nur, wenn Menschen die Überzeugung gewinnen, dass sie hier etwas für ihr Leben Wichtiges teilen können, das sie nicht mehr missen möchten und anderswo nicht finden.

Der Zugang zur Gemeinde erfolgt am besten über offene, niederschwellige Angebote, die den interessierten Gast nicht gleich mit Verbindlichkeiten zu ketten versuchen. Oft ist ehrliches Zuhören wichtiger als pausenloses Reden, denn durch Zuhören nimmt man Menschen ernst und signalisiert ihnen, dass es um sie selbst geht und nicht um meinen Ehrgeiz, jemanden zu überzeugen. Sich lauthals in eine Fußgängerzone stellen oder auf gut Glück durch öffentliche Verkehrsmittel tingeln mit Missionsflyern in der Hand, ist kein vielversprechender Weg. Selbst wenn es gelingt, bei dem ein oder anderen Passanten Interesse zu wecken; die Kollateralschäden aufdringlicher Mission, von der sich die meisten Menschen verständlicherweise kopfschüttelnd abwenden, wiegen den geringen Erfolg mehr als auf. Man hat der Sache mehr geschadet, als ihr genützt.

Menschen möchten heute oft erst einmal hineinschnuppern, z.B. nicht gleich Chormitglied werden, sondern gerne mal bei einem »offenen Singen« mitmachen, aber dann auch gehen dürfen, ohne sich dafür entschuldigen zu müssen. Wenn sie Spaß daran gefunden, wenn sie etwas Wichtiges für ihr Leben gehört haben, werden sie wiederkommen! Wir haben es mit dem »offenen Singen« ausprobiert und gestaunt, plötzlich Menschen zu treffen, die wir nie zuvor gesehen hatten! Dass die Lieder, die da gesungen werden, nicht nur der Unterhaltung dienen, sondern eminente christliche Aussagen beinhalten, bedeutet zugleich, dass Menschen die christliche Botschaft weitertragen und sie zu einem Teil ihres Lebens machen.

Man soll und darf gut von sich reden. Es gibt genug Möglichkeiten, Dinge, die noch nicht gut funktionieren, zu verbessern. Wenn eine Gemeinde aber eine gute Gemeindekultur lebt, dann wird jedes Gemeindemitglied, das von diesen guten Erfahrungen »erfüllt« ist, mit gutem Gewissen gut von seiner Gemeinde reden können. Nur so kann Begeisterung entstehen. Die Gemeinde in ein gutes Licht stellen; das Gute, das sie anzubieten hat, benennen und dafür werben; die reichen Gaben, die es in ihr gibt, zum Ausdruck bringen; zu den attraktiven Angeboten, die sie hat, gerne einladen; ihr Licht nicht unter den Scheffel stellen. Möglichkeiten gibt es dazu in vielen alltäglichen Begegnungen. »Übrigens, kennst du schon …?« Mit dieser freundlichen Einladung kann man Menschen neugierig machen und vielleicht gehen sie ja den nächsten Schritt und lassen sich in der Gemeinde sehen.

4 Von der Gemeindekultur zum Gemeindeprofil

Biblische Reminiszenz:
»Wer da kärglich sät, der wird auch kärglich ernten; und wer da sät im Segen, der wird auch ernten im Segen.«
2. Brief des Paulus an die Christen in Korinth 9,6

4.1 Die Voraussetzungen eines eigenen Gemeindeprofils

Die bisher beschriebene christliche Gemeindekultur ist die Grundlage für die Entwicklung eines Gemeindeprofils. Die Gemeindekultur ist also noch nicht das Profil einer speziellen Gemeinde, sondern das Grundlegende und Verbindende aller christlichen Gemeinden. Um ein Beispiel zu nennen: »Wertschätzung« kann nicht das Profil einer einzelnen Gemeinde sein, sondern wird und muss jede christliche Gemeinde auszeichnen. Das Profil selbst hingegen ist etwas Spezifisches jeder Gemeinde, z.B. interkulturelle Begegnungen, die sich vor allem im Kontext bestimmter städtischer Gemeinden anbieten, weniger hingegen in einer Dorfgemeinde im nordpfälzischen Hügelland mit einer relativ einheimischen Einwohnerschaft.

Ein Profil ist ein Schwerpunkt oder eine Prägung. Man muss nicht um jeden Preis ein eigenes Profil entwickeln. Aber oftmals macht es Sinn, weil man zwar nicht alles, dafür aber manches besonders gut kann. Teilweise legen es aber auch die Voraussetzungen einer Gemeinde nahe, ein Profil zu entwickeln, weil man über bestimmte Talente, Räume oder sonstige Ressourcen verfügt, die man nutzen und prächtiger als andere entfalten kann. Manche Gemeinden können etwas besonders gut, was es in anderen Gemeinden zwar auch gibt, aber nicht so ausgeprägt, so »professionell«, so erfahrungsreich. Durch Kooperation kann man außerdem in einzelnen Gemeinden Schwerpunkte und somit Profile etablieren, auf die in anderen Gemeinden hingewiesen wird und an denen diese partizipieren können, die somit ihrerseits eine Entlastung erfahren.[25]

Ein eigenes Profil zu entwickeln hängt von verschiedenen Voraussetzungen der einzelnen Gemeinde ab:

a) Welche personellen Möglichkeiten haben wir?

b) Über welche materiellen Ressourcen verfügen wir?

c) Welche geistigen und geistlichen Voraussetzungen bringen wir mit?

d) Sind wir eine Stadt- oder eine Landgemeinde?

e) Welche Milieus sind in unserer Gemeinde vertreten?

f) Welche Erwartungen werden an uns gerichtet?

g) Welche Verantwortung tragen wir?

h) Welches Profil haben unsere Nachbargemeinden?

Die Entwicklung eines eigenen Gemeindeprofils erfordert die Analyse der soeben gestellten Fragen. Dafür gibt es Hilfestellungen in Form von Literatur mit Analysehilfen wie Fragebögen usw., die man aber auch selbst entwickeln kann. Es gibt außerdem personelle, beratende Hilfestellungen in den Kirchen, wenn man ein eigenes Profil erarbeiten und stärken möchte. Hier soll es nur um eine Skizze gehen, wie die Schritte hin zur Entwicklung eines Profils aussehen können.

4.1.1 Welche personellen Möglichkeiten haben wir?

So wie die Gemeindemitglieder Träger der Gemeindekultur sind, so prägen sie auch das Profil der Gemeinde mit. Die Eigenschaften, Fähigkeiten und Verhaltensweisen, die Lebenspraxis der Einzelnen drücken der Gemeinde ihren Stempel auf. Ähnlich ist auch die Ausbildung eines eigenen Gemeindeprofils abhängig von dem, was die Einzelnen »mitbringen«. Biblisch ausgedrückt: Das Gemeindeprofil ist gabenorientiert (vgl. 1. Korinther 12,4-11).

Die personellen Ressourcen eröffnen Möglichkeiten, ebenso wie sie auch natürliche Grenzen setzen. Eine kleine Gemeinde wird weniger machen können als eine große. Umso wichtiger ist es gerade für kleine Gemeinden, nicht den Ehrgeiz zu entwickeln, alles, was wünschenswert ist, auch umzusetzen. Denn dadurch werden die begrenzten personellen Ressourcen schnell verausgabt. Die Engagierten kommen aus der Puste. Ihre Motivation schwindet. Aus Freude wird Stress. Daher ist die Entwicklung gemeindlicher Angebote zuallererst abhängig von der Zahl und den Talenten der Menschen, die mitmachen, d. h. sich mit ihren Fähigkeiten aktiv engagieren.

Muss eine Gemeinde, die hier auf Grenzen stößt, deshalb bei wichtigen Angeboten Verzicht üben? Nein! Gerade im Zeitalter der Vernetzung und der Mobilität, wo die Gemeinden kooperieren sollen, kann es eine Hilfe sein, sich mit den Angeboten der Nachbargemeinden abzustimmen. Das Motto lautet: »**Besser zusammenschließen als schließen!**« Ein Beispiel: Zwei Chöre verschiedener Gemeinden, von denen jeder mangels Mitgliedern Probleme hat, auftrittsfähig zu sein, vereinen sich besser, anstatt den unvermeidlichen Weg in die Auflösung zu gehen. Der Grund für eine solche Kooperation kann auch im Mangel an Chorleitern oder in finanziellen Fragen begründet liegen, sogar in Raumfragen. Schließen sich die beiden Chöre aber zusammen, können sie ihre Chorarbeit nicht nur retten, sondern in *einer* der Gemeinden sogar ein markantes Profil entwickeln, nämlich eine gute Chorarbeit nebst musikalischer Nachwuchspflege, Chorleiterausbildung und instrumentaler Ausstattung. Das wird ihr Profil als »Chorgemeinde« schärfen, das auch den Nachbargemeinden zu Gute kommt.

Um die personellen Ressourcen zu ermitteln, hilft zum einen die Erfahrung langjährig Mitarbeitender, die mir schon eine Richtung dahingehend anzeigt, »was geht«, also was realistisch möglich ist. Zum anderen ist aber auch das regelmäßige, systematische »Abklopfen« der Mitarbeitenden und der Gemeindemitglieder unter der Fragestellung, welche Qualifikation (Beruf, Lebenserfahrung, Hobbies …) jemand mitbringt, die er in die Gemeinde einbringen könnte, zu empfehlen. Vielleicht gibt es ja neue Talente, die vor fünf Jahren noch gar nicht im Blick waren! Denn Gemeindemitglieder verändern sich auch hinsichtlich ihrer Zusammensetzung und persönlichen Entwicklung. Außerdem kann durch gezielte Nachwuchsarbeit, z.B. im musikalischen Bereich, das zukünftige Profil der Gemeinde vorausschauend geplant werden. Die Ermittlung der personellen Möglichkeiten ist schon ein entscheidender Schritt hin zu einem eigenen Gemeindeprofil. Sie kann mit den folgenden Analyseschritten verzahnt werden, z.b. der Milieuanalyse, und wird so immer klarer.

4.1.2 Über welche materiellen Ressourcen verfügen wir?

Fast jede Gemeinde verfügt über Räumlichkeiten oder sogar eigene Gebäude. Leider werden Gebäude heute oft als Last verstanden, nämlich als finanzielle Last. Selbstverständlich sind sie das auch. Aber dieser Aspekt darf sich nicht in den Vordergrund schieben. Denn Gebäude eröffnen gewaltige Chancen. Sind sie erkennbar oder bekannt als christliche Gebäude, dann tragen sie bereits einen Teil der Verkündigung, ohne dass Menschen direkt in Aktion treten. Gebäude sollten daher nur im äußersten Fall veräußert werden. Vielmehr lohnen sich Bemühungen, sei es in der Gemeindeleitung, unter den Mitarbeitenden oder auch in einer Gemeindeversammlung oder einem Förderkreis intensiv darüber nachzudenken, wie die Gebäude für die Sache der Gemeinde (neu) genutzt und erhalten werden können. Allein schon ein öffentlicher Aufruf zum Erhalt eines in Not geratenen Gebäudes kann eine Welle von Impulsen auslösen, die einladend, wenn man so will: missionarisch und solidaritätsstiftend wirken.

Die Profilentwicklung der Gemeinde ist von den vorhandenen Gebäuden mit abhängig, auch von nutzungsfähigem Grundbesitz (Plätze, Gärten, Anlagen). Haben wir eine konzertfähige Kirche? Dann lohnt es sich, darüber nachzudenken, regelmäßig christliche Musik auch außerhalb der Gottesdienste erklingen zu lassen und sich als »Konzertkirche« einen Namen zu machen. Aus meiner eigenen Gemeinde, die über eine sehr große ehemalige Zisterzienser-

Abteikirche verfügt, kann ich sagen, dass in einem Zeitraum von rund 20 Jahren zahlreiche hochkarätige Konzerte, stattfanden, durch die die Kirche über die Region hinaus Stammgäste und immer wieder neue Interessierte angezogen und somit einen Teil ihres Profils gewonnen hat. Während es bei uns überwiegend klassische und neuere geistliche Musik ist, die sich gut in das über 800 Jahre alte Gebäude einfügt, mag eine andere Gemeinde mit anderen Gebäudevoraussetzungen eine buntere musikalische Vielfalt für junges Publikum wagen. Es lohnt sich, sich von Kenner*innen der Szene beraten zu lassen. Zur Finanzierung der Konzerte findet man umso leichter Sponsor*innen, wenn diese unter dem Publikum ihre potenzielle Kundschaft sehen.

Haben wir ein barrierefreies Gemeindehaus? Dann bietet sich gerade für ältere Menschen ein verstärktes Angebot an. Denn oftmals werden Menschen mit Handicap durch Barrieren von der Teilnahme ausgeschlossen. Dies kann schon der erste Schritt hin zu einer Profilentwicklung einer besonders seniorenfreundlichen Gemeinde sein, die die Bedürfnisse und Erwartungen älterer Menschen besonders ernst nimmt.

Liegt unser Gemeindezentrum in einer Fußgängerzone? Dann ist es ratsam, diese Chance zu ergreifen und zu den Öffnungszeiten der Geschäfte mit einem Angebot präsent zu sein für Menschen, die mal reinschnuppern möchten. Aus dem Gemeindehaus wird so eine »Come-in«-Begegnungsstätte und die Gemeinde bewegt sich in Richtung auf eine offene, missionarische Gemeinde.

Liegt unsere Kirche an einer viel befahrenen Straße? Es muss nicht immer eine Autobahnkirche sein, die Autofahrer zur geistlichen Rast einlädt, es kann auch eine Kirche an einer viel befahrenen Landstraße oder auch an einem stark frequentierten Fahrradweg sein. Rast im geistlichen Sinne anbieten, für Menschen, die auf dem Weg sind, das kann ein Impuls zur Profilbildung sein.

Gibt es in unserem Lebenskontext viele Obdachlose? Dann öffnen wir doch einmal in der Woche das Gemeindehaus, das über eine Küche verfügt, für eine Suppenspeisung! Dies eröffnet z.B. die Profilierung in Richtung auf eine diakonische Gemeinde.

Diese Beispiele zeigen, wie Gebäude als Teil der materiellen Ressourcen eine ganz bestimmte Profilbildung vorwegnehmen und zugleich fördern können.

Zu den materiellen Ressourcen sind auch die finanziellen Möglichkeiten zu rechnen. Das weite Feld des Fundraising bietet Möglichkeiten, Projekte durch Drittmittel zu finanzieren. Je nachdem, ob die Gemeinde in einer Region mit wirtschaftlich starken Sponsor*innen oder in einer strukturschwachen Region liegt, variieren die Möglichkeiten und wirken sich auf die umsetzbaren Projekte aus. Patenschaften für alle möglichen Projekte sind außerdem eine Möglichkeit, dauerhaft Einnahmen für ganz bestimmte Aufgaben zu erzielen. Ich werbe seit einigen Jahren in meiner Gemeinde für »Orgelpatenschaften«. Jeder »Pate« bestimmt die Höhe des von ihm monatlich oder jährlich zur Verfügung gestellten Betrags, der der Unterhaltung (Wartung, Renovierung) der Kirchenorgel dient. Auf diese Weise kommt selbst in einer strukturschwachen Region jährlich ein für diesen Zweck bestimmter vierstelliger Betrag zusammen.

4.1.3 Welche geistigen und geistlichen Voraussetzungen bringen wir mit?

In welcher Gestalt wird der christliche Glaube bei uns gelebt? Zunächst lebt jeder einzelne Christ eine eigene Glaubenspraxis vor dem Hintergrund seiner Lebenserfahrung und seiner Lebenswirklichkeit. Der christliche Glaube ist dafür offen und sträubt sich gegen ein einheitliches Regelkorsett, das dem Christen die Freiheit raubt und ein gesetzliches Leben fordert. Jeder Lebensbereich erlaubt auch Gestaltungsfreiraum. Das verträgt sich nicht mit Schubladen wie »konservative« oder »liberale« Gemeinde. Ich würde behaupten, dass in meiner landeskirchlichen Gemeinde zahlreiche Facetten persönlichen Glaubens vorhanden sind: Es gibt bewahrende, innovative, bibelfeste, intellektuelle, tolerante, humanistische, fragende, begeisterte, offene und abwartende Mitglieder. Die einen lassen sich bei Veranstaltungen der Kirchengemeinde oft sehen, die anderen selten. Und dennoch gehören sie als getaufte Christen alle zur Gemeinde.

Gleichwohl hat eine Gemeinde insgesamt eine Prägung, die sich letztlich auch in ihrem Profil bemerkbar machen wird. Es wäre ein falscher Weg, in einer geistig und geistlich vielgestaltigen und offenen Gemeinde eine Verengung herbeizuführen, nur um ein bestimmtes Profil, z.B. aktives missionarisches Engagement, in den Vordergrund zu stellen, und zu erwarten, dass alle diesen Weg mitgehen. Die Gemeinde wird verlieren, da Engführungen immer Ausgrenzungen mit sich bringen. Gerade Vielgestaltigkeit kann ein prägendes Merkmal und insofern ein Profil einer Gemeinde sein.

Hier zeigt sich ein grundsätzliches Problem. Profilbildung darf nicht zur Ausgrenzung derer führen, die ihren persönlichen Schwerpunkt woanders sehen. In der Gemeinde müssen viele eine Heimat finden können, auch wenn sie unterschiedlich sind. Christlichen Glauben kann man nicht nur auf eine Weise leben. Gesetzlichkeit stößt Menschen ab und ist unchristlich. Die schönsten Wiesen sind die, auf denen die größte Vielfalt an Blumen, Gräsern und Bewohnern zu finden ist.

Gehören zu einer Gemeinde viele wissenschaftliche Interessierte, z.B. in einem Universitätsgebiet, dann bietet es sich an, das

Gespräch zwischen Wissenschaft und Glaube zu einem typischen Merkmal der Gemeinde zu machen. Das kann in Form von Vortragsreihen und Exkursionen geschehen.

Ist die Gemeinde »bürgerlich« geprägt, dann wird die Auseinandersetzung mit politisch und gesellschaftlich aktuellen Fragen sich auf das Gepräge der Gemeinde auswirken. Diskussionsforen mit Gästen aus dem öffentlichen Leben sind mögliche Lebensäußerungen dieser Gemeinde, die sich gerne politisch »einmischt«.

Dominieren in der Gemeinde kreative und künstlerisch interessierte Kräfte, kann die Kunst zu einer regelmäßigen Form der Auseinandersetzung mit Fragen des Glaubens werden, z.B. in Gestalt von Ausstellungen, sei es in der Kirche, sei es im Gemeindehaus. Künstler*innen erhalten so die Möglichkeit, ihre Kunst zu präsentieren. Begleitend können Kunstbeauftragte der Kirche zu Rate gezogen werden.

Gibt es viele Menschen mit einer »sozialen Ader«, dann wird die praktische, diakonische Hilfe für Menschen das Gesicht der Gemeinde prägen.

4.1.4 Sind wir eine Stadt- oder eine Landgemeinde?

Gibt es überhaupt noch nennenswerte Unterschiede zwischen Menschen aus der Stadt und solchen vom Land? Es ist keineswegs so, dass die Menschen auf dem Land noch nach der Kirchturmuhr leben. Sie sind inzwischen oft ähnlich weit weg vom christlichen Glauben und dem Leben der Kirchengemeinde wie städtische Milieus. Oft wird Tourist*innen aus der Stadt Landleben vorgegaukelt, wo es schon lange nicht mehr existiert. Ich muss darüber schmunzeln. Aber das Klischee ist in den Köpfen. In meinem Heimatdorf läutete in meiner frühesten Kindheit noch die Morgenglocke. Das war in der landwirtschaftlich geprägten Welt das Signal, ähnlich wie der Hahnenschrei, dass der Tag beginnt. Dann läutete die Glocke wieder um 11.00 Uhr, damit die Bauern und Bäuerinnen auf dem Feld das Signal hatten, dass der Mittag naht. Die Kirchturmuhr strukturierte den Tag. Im Grunde war das damals schon überholt, da es fast keine Landwirtschaft mehr gab und die wenigen Bauern und Bäuerinnen ihre Uhr dabei hatten. Die Menschen lebten längst ganz anders. Also wurde auch das Läuten abgeschafft. Viele Jahre später kam der Fremdenverkehrsverein auf die Idee, das Läuten wieder einzuführen: Man wolle den Tourist*innen etwas von dörflicher Atmosphäre vermitteln. Gleichzeitig wurden auch die alten, vernachlässigten Dorfbrunnen, die schon lange niemand mehr brauchte, für Tourist*innen aufgehübscht, um »Dorfidylle« zu konstruieren. Es funktionierte und die Tourist*innen fühlten sich in der vorgegaukelten Dorfwelt wohl. Es soll Hotelbesitzer*innen auf dem Land geben, die Hobbybauern dafür bezahlen, zu bestimmten Zeiten ihre Tiere in Sichtweite der städtischen Hotelgäste vorbeizuführen – nur nicht so nah, dass es riecht. Köstlich, oder?

Das Klischee von der traditionellen Dorfgemeinschaft mit einem einheitlichen Lebensstil ist schon lange naiv. Städter*innen haben gegenüber Menschen auf dem Land keinen Informationsvorsprung mehr. Die Herausforderungen der Familien sind identisch. Schulen auf dem Land sind im Prinzip mit den gleichen Problemen konfrontiert wie in der Stadt. Das große Einerlei der Medien mit ihrer Scheinvielfalt hat dazu geführt, dass die Menschen sich in ihrem Lebensstil angeglichen haben und überall denselben Trends und Anschauungen folgen, ob in Berlin oder in der Pfalz. Gemeinden sollten sich also davor hüten, alte Klischees aufzugreifen und den Menschen eine Welt vorzumachen, die es nicht mehr gibt oder auch nie gegeben hat.

Dennoch hat eine Landgemeinde genau wie eine Stadtgemeinde als solche ganz eigene Chancen und Potenziale. Ihr erster Vorteil ist, dass sie ganz nah an der Natur ist, christlich gesprochen: an der Schöpfung. Menschen vom Land wissen häufig, wie Tiere in Echt aussehen, was die Probleme des Waldes sind, und sie kennen Natur als Lebens- und als Erholungsraum. Sie sind die Expert*innen für naturnahe Exkursionen und wissen, wo man Nahrungsmittel direkt beim Erzeuger kaufen kann. Was liegt da näher, als ein Profil in Richtung einer ökologischen Vorzeigegemeinde aufzubauen!

Auf dem Land ist die Fluktuation der Menschen nicht so groß wie in der Stadt, wo Menschen häufiger kommen und gehen. Man kennt sich, in der Regel auch mit Namen. Die Chance, dass Engagement in der Kirchengemeinde in Familien auf die nächste Generation übergreift, ist größer.

Auf dem Land hat jedes Dorf feine Unterschiede im Dialekt, in der Stimmmelodie und der Wortwahl. Jedes Dorf weiß das genau. Das Positive dabei ist: Es stärkt die Identität der einzelnen Gemeinde. Man ist hier wirklich zu Hause, weil man »die gleiche Sprache« spricht. **Identität stärkt Bindung, auch an die Kirchengemeinde.**

Noch immer gibt es viele Familienbetriebe mit Tradition, die man seit Generationen kennt. Es ist ein Geben und Nehmen. Die Kirchengemeinde nimmt bewährte Betriebe, z.B. im Handwerksbereich, in Anspruch. Die Betriebe unterstützen umgekehrt bei Bedarf auch mal den Kindergarten, wenn Projekte anstehen, vielleicht auch, weil der Schreinermeister als Kind schon selbst in diesen Kindergarten ging.

Das Wort Landfrauen hört sich sehr traditionell an. Aber die Landfrauen von heute sind anders. Sie sind am Puls der Zeit und repräsentieren in besonderer Weise die Verbindung von Ererbtem und Neuem. Eben das kann auch zum Motto einer Kirchengemeinde auf dem Land werden: Wir haben Wurzeln, aber wir bleiben nicht stehen! Gesunde Ernährung, Familie, Verbraucherschutz, Gleichberechtigung, Bewahrung von Wissen und Weitergabe von Erfahrung sind Themen der Landfrauenarbeit, die sich mit dem christlichen Glauben sehr gut verbinden lassen.

Immer häufiger entsteht Unterhaltungsliteratur mit regionalem Bezug, geschrieben von lokalen Autoren. Früher gab es das nur selten. Plötzlich sind wir Thema! Man kann den Ball aufgreifen und die Dorfkirche zum Schauplatz der Literatur werden lassen, indem man regionalen Autoren die Anregung gibt, unsere Kirche in ihr nächstes literarisches Projekt einzubinden.

Ein Nachteil auf dem Land ist vielerorts die wirtschaftliche Strukturschwäche und Landflucht. Das zwingt zu Ideenreichtum und Innovation, darf aber nicht lähmen. So können aus der Not sogar ganz neue Lösungen geboren werden, z.B. was Mobilität, Vernetzung und »Familien auf dem Land« betrifft.

Eine Stadtgemeinde kann ihrerseits darüber nachdenken, wo ihre ganz speziellen Chancen und Stärken liegen, gerade weil sie »im Zentrum des Geschehens«, in einer hochfrequentierten Lebenswelt, in einer »Metropolregion« oder einer touristisch attraktiven Stadt mit großem kulturellen Angebot lebt. Die zunehmende Urbanisierung bietet sicher nicht nur Nachteile. Mit dem Zuzug von Menschen ziehen auch Ideen und Talente zu. Die Gemeinde wäre nicht gut beraten, würde sie diese Umstände nicht zur Herausbildung ihres speziellen Profils nutzen.

4.1.5 Welche Milieus sind in unserer Gemeinde vertreten?

Wer lebt eigentlich in unserer Gemeinde? So naheliegend diese Frage klingt, haben Sie sie sich wirklich je gestellt? Es lohnt sich, genauer hinzuschauen. Es geht um die Frage, welche Gruppen mit vergleichbaren Lebensstilen, Idealen, Wertvorstellungen und Interessen, so genannte »Milieus«, in unserer Gemeinde vertreten sind. Unabhängig davon, welchem sozialwissenschaftlichen Milieumodell man folgen möchte; es kann sehr hilfreich sein, Menschen in vergleichbare Gruppen einzuordnen hinsichtlich der Fragen, wie sie leben und arbeiten, was sie denken (oder glauben) und was ihnen wichtig ist.

Der Grund: Auf der Grundlage einer Milieuanalyse kann ich zielgruppenorientierte Arbeit entwickeln. Die Herausarbeitung von Schnittmengen hilft mir dabei, möglichst viele Menschen zu erreichen. Ich kann die richtigen Themen finden, die gewünschten Angebote machen und die passende Sprache wählen. Tue ich das nicht, wird es passieren, dass ich Angebote mache, nach denen keiner gefragt hat, und eine Sprache wähle, die Menschen auf Distanz hält, anstatt sie anzusprechen. Ich kann auf dieser Grundlage auch gezielt neue Mitarbeitende suchen und finden und ihre speziellen Fähigkeiten und milieutypischen Bedürfnisse für die Gemeinde fruchtbar machen.

Die Entwicklung eines Gemeindeprofils darf daher nicht an diesen Fragen vorbeigehen. Wir haben bereits oben unter den geistigen und geistlichen Voraussetzungen gesehen, dass Milieus, z.B. bürgerliche oder intellektuelle Gruppen, die Arbeit einer Gemeinde prägen können und dürfen. Die gezielte Milieuanalyse kann vertiefend klären, welche Stärken und Bedürfnisse die Menschen unserer Gemeinde mitbringen.

Man kann eine Milieuanalyse natürlich mehr oder weniger vertieft durchführen. Aber schon die Beschäftigung mit den Grundfragen wird helfen, die eigene Gemeinde besser zu verstehen und zu profilieren. Von den allgemeinen Milieus (z.b. Ober-, Mittel-, Unterschicht) geht der Schritt zu den kirchlichen Milieus (z.b. traditionelle Christen, innovative Christen), um genauer zu ermitteln, wie die Menschen unserer Gemeinde ihren Glauben leben. Zur Profilierung der Milieus kann es sehr hilfreich sein, einmal die Vereine und nichtstaatlichen Organisationen, die in meinem Stadtteil oder Ort präsent sind, zu betrachten, auch im Blick auf ihre jeweilige Mitgliederzahl.

Eine einfache Frage kann am Anfang stehen: Welchem (sozialen und kirchlichen) Milieu würde ich mich eigentlich selbst zuordnen? Dazu betrachte ich meine Lebenswirklichkeit, meine Ausbildung, meinen Beruf, meine Wohnlage, meine Wertvorstellungen, meine bevorzugten Informationsquellen, meine Interessen und Hobbys, meinen Wochenrhythmus usw. Und schon bildet sich in einer Soziografik ein erstes Cluster von Menschen, die so ähnlich sind wie ich. Dann schreite ich zur Identifizierung weiterer Milieus. Selbstverständlich gibt es eine gewisse Unschärfe und Überschneidungen zwischen den Milieus; ein traditioneller Christ z.B. kann reich oder auch arm, hoch- oder wenig gebildet sein. Am Schluss stelle ich im Blick auf die identifizierten Milieus Fragen: Was könnt ihr? Was wollt ihr? Was sind eure Probleme und Bedürfnisse? Daraus folgt dann die Entwicklung passender Angebote oder auch die Suche nach wertvollen Mitarbeitenden.

Ist die Gemeinde in einem sozialen Brennpunkt mit Familien, die unter schwierigen Bedingungen leben, angesiedelt, so kann sie ihr helfendes, beratendes, familienbezogenes Profil ausbilden, angefangen von tafelähnlichen Angeboten über Hausaufgabenhilfe für Kinder bis hin zu einem Heiligabendangebot für Alleinlebende im prekären Umfeld. Familien oder Altersgruppen insgesamt bilden übrigens kein Milieu, sondern sie gehören, abhängig von ihrer Lebenswirklichkeit, verschiedenen Milieus an.

Ist die Gemeinde in einem Universitätsgebiet zu Hause, in dem viele Akademiker*innen leben, dann ist das Gespräch des Glaubens mit Wissenschaft, Technik und Kunst in Form von Bildungsangeboten wie Vorträgen und Workshops ein Ansatz für eine eigene Profilausbildung.

Die Landeskirchen bieten durch ihre Dienste Hilfestellung bei der Milieuanalyse an und der Frage, wie man diese für die Gemeindearbeit fruchtbar machen kann.

4.1.6 Welche Erwartungen werden an uns gerichtet?

Kirche wird in unserer Gesellschaft als eine Art Dienstleisterin verstanden. Sie erbringt soziale Leistungen und Angebote, z.B. in der Beratungsarbeit, für das Familienleben oder im kulturellen Bereich. Ja, diese Ausrichtung verleiht der Kirche in den Augen vieler geradezu ihr Existenzrecht und nicht zuletzt auch das Recht auf staatliche, finanzielle Förderung. Das ist eine heikle Konstellation! Denn eine Kirche, die sich von den gesellschaftlichen Erwartungen und Verpflichtungen her ihr Existenzrecht verleihen lässt, verliert ihren eigentlichen Existenzgrund aus den Augen, der im Heilsgeschehen um Jesus Christus liegt.[26] Sie wird anfällig für politische Begehrlichkeiten, Tendenzen und Programme und begibt sich in eine ihrem Grundauftrag schädigende Abhängigkeit hinein. Sie biedert sich mitunter an, um für die geldgebende Politik und Gesellschaft salonfähig zu bleiben, und merkt nicht, dass sie ihren wahren Herrn und Kern mehr und mehr verlässt. Auf der anderen Seite hat die Kirche von eben diesem Herrn den Auftrag, ihren Glauben, ihre Überzeugungen und ihr Leben mit anderen zu teilen. Und sie ist »Kirche für andere«, also für die Menschen da. Das wiederum gibt ihrem gesellschaftlichen Engagement Sinn und Legitimation.

Somit darf auch auf Erwartungen der Gesellschaft eingegangen werden. Anders geht es auch gar nicht. Jede Kirche und Gemeinde hat einen sie umgebenden kulturellen, gesellschaftlichen Kontext, in dem sie existiert. Sie wird zwangsläufig ein Stück weit inkulturiert, sie wird äußerlich selbst ein Bestandteil der umfassenden Lebenswelt, in der sie existiert, indem z.b. die Gemeindemitglieder ihre eigene kulturelle Prägung in die Gemeinde tragen.

Die gesellschaftlichen Erwartungen müssen allerdings immer an den Kernaufgaben der Kirche, wie sie sich von ihrem biblischen Auftrag her ergeben, gemessen werden. Die Kirche ist nicht Erfüllungsgehilfe beliebiger Trends. Wenn eine Gemeinde Erwartungen erfüllt, die mit ihrem Auftrag übereinstimmen, dann wird sie den Menschen umso überzeugender vermitteln können, dass der christliche Glaube eine Lebensrelevanz hat. Eigener Auftrag und Erwartung Dritter kommen hier also zusammen. Sie holt Menschen da ab, wo sie stehen und warten, bis Kirche etwas Passendes anbietet. Nehmen wir das Beispiel Familien: Wenn eine Gemeinde über Personal und Räumlichkeiten verfügt, bietet es sich an, dass sie gesellschaftlich relevante Angebote macht, z.B. schulnahe Sozialarbeit, Freizeitangebote, Ferienaktionen für Kinder. Sie übernimmt damit soziale Verantwortung, was die Öffentlichkeit zu schätzen weiß; gleichzeitig kommt sie aber auch ihrem diakonischen Auftrag nach, indem sie Menschen unter die Arme greift, denen ohne Hilfe eine angemessene Teilhabe am Leben verwehrt bleiben könnte. Wenn die Gemeinde hier eine Angebotslücke findet, für die kein anderer bereitsteht, der sie füllt, wird sie ein Stück Profil gewinnen, das ihr Ansehen und Anerkennung verleiht.

4.1.7 Welche Verantwortung tragen wir?

Die Erwartungen, die an eine Gemeinde von ihrem Umfeld herangetragen werden, machen bereits ein Stück der Verantwortung aus, die die Gemeinde trägt. Denn Gemeinde ist für Menschen da. Sie trägt die Verantwortung dafür, dass berechtigte und nachvollziehbare Erwartungen auch erfüllt werden. Wenn eine Gemeinde z.B. über eine Kindertagesstätte verfügt, deren Träger sie ist, dann trägt sie auch eine große Verantwortung dafür, dass die Kita ihre umfangreichen und anspruchsvollen Aufgaben erfüllt. Das Kümmern um qualifiziertes Personal, die Mitarbeiterpflege, Elterngespräche, die Entwicklung und Umsetzung pädagogischer Konzepte, die Einhaltung gesetzlicher Vorgaben, die Finanzierung der Einrichtung, die bauliche Erhaltung und die vielen weiteren Aufgaben, die mit der Trägerschaft einer Kindertagesstätte verbunden sind, nehmen einen erheblichen Zeit- und Kraftaufwand in Anspruch. Vieles scheint auf den ersten Blick wenig mit den Kernaufgaben einer christlichen Gemeinde zu tun zu haben, z.B. Sicherheitsbegehungen oder arbeitsrechtliche Fragen. Aber auch diese Dinge sind Bausteine ihres helfenden, schützenden und diakonischen Auftrags. Die Gemeinde erfüllt damit gesellschaftliche Erwartungen, die gerade im Blick auf Kindertagesstätten in den letzten Jahren immer größer geworden sind. Zugleich setzt sie ihren Auftrag um. Das wird das Profil der Gemeinde prägen, denn es sind hier die Bereiche der Diakonie, Familienarbeit und Erziehung angesprochen.

Vergleichbares gilt natürlich für andere Einrichtungen, die sich in der Trägerschaft einer Gemeinde befinden. Verantwortung bezieht sich z.B. auch auf denkmalgeschützte Gebäude, zu denen viele Kirchen gehören. Die Verantwortung für die Erhaltung und Pflege einer besonderen Kirche wird das Profil der Gemeinde prägen. Entscheidend ist, dass die Gemeinde die darin liegende Chance nutzt und mit dem ihr anvertrauten Pfund »wuchert«, will heißen: das Beste daraus macht, um den darin verborgenen Schatz zu heben. Durch originelle Ideen – wie etwa eine Übernachtungsmöglichkeit am Tag des offenen Denkmals in der alten Kirche, oder durch die Nutzung von Techniken, die vor wenigen Jahren noch nicht zur Verfügung standen, z.B. die künstlerische Illumination des Gebäudes durch professionelle Hilfe – wird die Gemeinde auf ihren besonderen Schatz hinweisen und Menschen aufmerksam machen, die sich sonst in der Gemeinde nicht sehen lassen. Hier kann ein neuer Zugang zum Thema des Glaubens und der Kirche entstehen. Dabei ist zu beachten: Der Kirche geht es nicht um »Denkmalschutz«, sondern stets um die Einladung in ein Gotteshaus, in dem eine Gemeinde heute und ganz aktuell den christlichen Glauben lebt und feiert.

Verantwortung bedeutet also nicht nur Last, sondern zeigt einer Gemeinde bereits die Richtung auf, wo sie besonders gefragt ist, und eröffnet für die Gemeinde die Möglichkeit, gerade so eine besondere Strahlkraft zu gewinnen, die andere in diesem Bereich nicht haben.

4.1.8 Welches Profil haben unsere Nachbargemeinden?

Heute liegt es nahe, als Gemeinden, die in räumlicher Nähe zueinander liegen, zu kooperieren. Es muss daher nicht jede Gemeinde alles anbieten. Vielmehr ergibt es Sinn, dass jede Gemeinde das herausarbeitet und weiterentwickelt, was sie von ihren personellen, materiellen usw. Voraussetzungen her besonders gut kann, während sie die anderen Angebote anderen überlässt, die ihrerseits auf diesen Gebieten besonderes Talent besitzen. Bedeutet das, dass das Angebot meiner Gemeinde »unvollständig« ist? Nein! Das wäre ein falsches Denken. Denn Gemeindeglieder werden heute immer flexibler. Sie sind mobil und man kennt immer auch Mitglieder und Mitarbeitende der Nachbargemeinde. So kann man sich wechselseitig einladen und macht aus der übergemeindlichen Begegnung eine fruchtbare Gewohnheit.

Daher ist es sinnvoll, sich mit Nachbargemeinden abzustimmen. »Was macht *ihr* besonders gut? Wo können dagegen *wir* unsere Stärken entfalten?« Auf diese Weise entsteht in der nahen Region ein vielfältiges Angebot christlicher Gemeinden. Durch Kooperation kann man außerdem Schwaches stärken und Gefährdetes retten, ja man kann etwas aufbauen, was alleine gar nicht möglich gewesen wäre. Wir haben bereits das Beispiel der Chorarbeit gesehen. Wenn Chöre einzelner Gemeinden Probleme haben, bietet sich Kooperation an. Sie können sich damit nicht nur retten, sondern besser werden als je zuvor.

Das bedeutet nun für die Herausarbeitung eines eigenen Gemeindeprofils, dass unsere Gemeinde keine Imitation der Nachbargemeinde sein soll. Doppelungen in der Nachbarschaft sind nicht nötig. **Es ist eine Bereicherung für alle Gemeinden, wenn sich die Angebote gegenseitig ergänzen.** Nicht eitle Konkurrenz, sondern bereichernde Vielfalt ist die Motivation. Somit haben die Mitglieder der Gemeinden ein deutlich vielseitigeres und attraktiveres Angebot, als wenn jede Gemeinde versuchen würde, die breite Palette an Angeboten abzudecken, was kaum gelingen wird. Voraussetzung dafür ist, dass Gemeinden durchlässig sind. Gemeindeegoismus ist fehl am Platz. Jeder sollte mit Freude und Überzeugung auf die guten Angebote der anderen verweisen. Die Gemeinde kann, wenn nötig, Fahrdienste anbieten, und durch mehrere gemeinsame Veranstaltungen im Jahr, z.B. einen Gottesdienst im Grünen oder eine Jugendfreizeit, das Miteinander stärken.

Kurz: Die Entwicklung eines eigenen Gemeindeprofils orientiert sich also auch an dem, was es »nebenan« schon gibt. Die Gemeinde ahmt dies nicht nach, sondern entwickelt etwas Eigenes, damit die Mitglieder aller Gemeinden eine Bereicherung erfahren.

4.2 Unser eigenes Profil und die vielen möglichen Profile

Hat man diese Fragen geklärt, ergibt sich die Frage nach dem eigenen Profil schon fast von selbst. Dabei ist zu beachten: Die verschiedenen Profile bezeichnen nicht etwas, was es nur in dieser einen Gemeinde gibt. Vielmehr werden alle Aspekte in jeder Gemeinde mehr oder weniger vorhanden sein. Jede Gemeinde hat z.B. auch diakonische oder musikalische Seiten. Aber bestimmte Gemeinden arbeiten diesen Aspekt in besonderer Weise für sich heraus, sie sind darin besonders gut, haben viel Erfahrung oder werden ganz einfach von ihrem Umfeld her zur Ausbildung dieses Profils veranlasst. Wichtig ist, dass durch die Herausbildung eines Profils nicht Teile der Gemeinde ausgegrenzt werden. Möchte sich eine Gemeinde z.B. als »Junge Gemeinde« profilieren, deren Fokus auf der Jugendarbeit liegt, dann muss sie darauf achten, dass die Älteren nicht vernachlässigt werden.

Für mögliche Profile gibt es keine abgeschlossene Aufzählung. Es ist wahrscheinlich, dass sich in der Zukunft neue Profile eröffnen, für die wir heute noch gar keinen Blick haben. Es lohnt sich, ein Profil zu entwickeln, bei dem auch junge Menschen Engagement zeigen: Friedensarbeit, Ökologie und Soziales (Diakonisches) liegen hier nahe. Welches Profil könnte es heute z.B. sein? Nennen wir Beispiele:

4.2.1 Ökumenisches Profil:
Die Welt im Blick haben

Eine ökumenisch ausgerichtete Gemeinde richtet ihr Augenmerk auf die Ökumene, d. h. den »Erdkreis«. Die kulturelle und konfessionelle Vielgestaltigkeit des Christentums erfährt besondere Aufmerksamkeit. Darin spiegelt sich das urchristliche Pfingsterlebnis (Apostelgeschichte, Kapitel 2): Menschen verschiedener Herkunft und Sprachen werden von der christlichen Botschaft getroffen. Das gesellschaftlich in den Hintergrund getretene Pfingstfest kann in dieser Gemeinde zu einer neuen Bedeutung gelangen und durch sie neues Profil gewinnen. Ein solches Profil bietet sich vor allem für Gemeinden an, die in gemischtkonfessionellen oder multikulturellen Kontexten leben.[27] Die ökumenisch profilierte Gemeinde trägt aber auch der Tatsache Rechnung, dass sich der christliche Glaube in der Geschichte in unterschiedlichen Formen ausgebildet hat, die das heutige Bild des Christentums prägen. Die Gemeinde kann zu einem exemplarischen interkulturellen Lernfeld in der Gesellschaft werden. Die christliche Gemeinde kann multiple kulturelle Identitäten in sich vereinen, da der christliche Glaube voraussetzt, dass sowohl die existenzielle Wurzel, die ethischen Grundlagen als auch das endzeitliche Ziel in dem einen universalen, auf das Heil des Menschen bedachten Gott liegen.

Ein ökumenisches Profil zeichnet sich also zum einen durch weltweite, interkulturelle und interkonfessionelle Offenheit aus. Zum anderen steht die ganz konkrete Zusammenarbeit mit anderen Konfessionen vor Ort im Vordergrund.

Ein einfacher Schritt sind ökumenische Gottesdienste. Das Kirchenjahr bietet dafür viele Anlässe, z.B. der ökumenische Bibelsonntag im Januar oder der von der »Arbeitsgemeinschaft christlicher Kirchen in Deutschland« (ACK) gefeierte Tag der Schöpfung im September. An Weihnachten kann ein ökumenischer Familiengottesdienst stattfinden, das Schuljahr kann mit einem ökumenischen Gottesdienst eröffnet und beschlossen werden.

Weitere Schritte sind Gemeindefeste, die gemeinsam verantwortet werden, ein ökumenischer Gemeindebrief und ökumenische Gruppen und Kreise. Die Familienarbeit, durch die schon Kinder Begegnungen zwischen Menschen unterschiedlicher Zugehörigkeit kennenlernen, bietet eine große Chance: Kulinarische Anregungen aus der ganzen Welt können beim Kindergartenfest Menschen miteinander ins Gespräch bringen.

Ein konsequenter Schritt könnte schließlich ein gemeinsamer Gebäudebestand sein: Nicht jede Konfession hat ihr Gemeindehaus, sondern wir haben ein gemeinsames ökumenisches Gemeindezentrum, eine gemeinsame Kirche, einen gemeinsamen Kindergarten usw.

Es sind also vor allem zwei Aspekte, die eine Gemeinde zu einer profilierten ökumenisch ausgerichteten Gemeinde machen: Zum einen die überkonfessionelle Zusammenarbeit, zum anderen der Blick auf die weltweite Vielfalt christlicher Gemeinden. Dialog und Moderation sind die Stärken dieser Gemeinde. Das Heben gemeinsamer Schätze und der Reichtum der verschiedenen Perspektiven bestimmen das Gemeindeleben.

Eine ökumenisch orientierte Gemeinde hat auch die Problematik der Globalisierung im Blick. Ohne die Globalisierung zu verurteilen, problematisiert sie deren soziale und ökologische Konsequenzen für die Menschen. Gleichzeitig arbeitet sie das spezifisch Christliche heraus, das dazu beitragen kann, dass Globalisierung in gute Bahnen gelenkt wird. Die Nachteile der Globalisierung, z.B. das Auseinanderklaffen der Schere zwischen Arm und Reich kann die Gemeinde versuchen mit aufzufangen. Die Verwendung

nur fair gehandelter Produkte aus nichtausbeuterischen Verhält-
nissen, z.B. Kaffee oder Textilien, ist dabei ein Baustein.
Hier wird Ökumene wirklich gelebt. Jeder kann vom anderen
lernen. Das ökumenische Profil spiegelt sich bereits in Partner-
schaften und Ehen, die aus Partnern z.b. verschiedener Konfessionen bestehen. Auf diese Weise bekommt die ganze Gemeinde
ihr ökumenisches Profil.

Um ökumenisches Profil zu stärken, kann eine Partnerschaft
mit einer Gemeinde im Ausland die ökumenische Erfahrung zu-
sätzlich stärken.

4.2.2 Diakonisches Profil: Den Menschen dienen

Diakonie als Dienst am Menschen ist von Anfang an ein Wesensmerkmal der christlichen Gemeinde.[28] Daher wird es in jeder
Gemeinde auch diakonisches Engagement geben. Sie bietet eine
helfende Hand und ist Stimme der Schwachen und Benachteiligten zugunsten sozialer Gerechtigkeit. Im Zuge der Professio-
nalisierung sind bestimmte diakonische Aufgaben auf überge-
meindliche Ebenen übergegangen oder an spezielle Einrichtungen
übertragen worden. Das gilt z.b. für fachliche Beratungsangebote
(Ehe, Schwangerschaft, Sucht usw.) in Beratungszentren oder für
pflegerische Dienste, die ihren Ursprung zwar oft im Dienst der
Gemeindeschwestern (z.B. Diakonissen) haben, heute aber meis-
tens von selbstständigen Pflegediensten wahrgenommen werden.

Dennoch gibt es eine Reihe von diakonischen Aufgaben, die
direkt von der Gemeinde übernommen werden können. Die Gemeinde ist nah am Menschen. Sie ist daher oft erste Anlaufstelle,
wenn Menschen Unterstützung brauchen. Gleichzeitig arbeitet

die Gemeinde mit den genannten Diensten auf regionaler Ebene zusammen, damit Hilfesuchende möglichst effizient und nachhaltig Hilfe bekommen können. Sie hält Informationen vor und pflegt Kontakte.

Auf Gemeindeebene wird fast jede Gemeinde Angebote wie Krankenbesuche, Erstberatung für Hilfesuchende oder Kinder-, Jugend- und Familien- sowie Seniorenhilfe vorhalten. Ein ausgesprochenes diakonisches Profil bietet sich dann an, wenn das Umfeld der Gemeinde besondere Herausforderungen und Erwartungen mit sich bringt, wie wir bereits anhand von Beispielen gesehen haben:

• Wenn wir wissen, dass in unserer Gemeinde eine beträchtliche Anzahl von Menschen mit ihrem Lebensunterhalt nicht hinkommt, dann liegt es nahe, ein tafelähnliches Angebot aufzubauen.

• Im städtischen Kontext kann eine Suppenküche für Obdachlose zum Gemeindeangebot gehören.

• Wenn Kinder oder Jugendliche in unserem Viertel mit ihrer Zeit wenig anfangen können und in Gefahr stehen, auf Abwege zu geraten, dann kann die Gemeinde einen Jugendtreffpunkt mit Begleitung und Beratung anbieten, Hausaufgabenbetreuung und Ferienaktionen können auf dem konkreten Programm stehen. Die Kooperation mit der öffentlichen Jugendhilfe legt sich nahe.

• Wenn ein Seniorenzentrum oder Pflegeheim zum Lebenskontext der Gemeinde gehört, dann sind womöglich Heimseelsorge und Besuchsdienste, vielleicht auch Sterbebegleitung besonders gefordert.

• Ist die Gemeinde für einen Kindergarten verantwortlich, wird sie hier bereits einen Teil ihres diakonischen Auftrags abdecken. Durch die Entwicklung des Kindergartens zu einem vielfach vernetzten Zentrum gewinnt sie Strahlkraft und zusätzliches diakonisches Profil.

Übrigens: Auch wenn die Gemeinde selbst personell nicht in der Lage ist, spezielle Dienste anzubieten, kann sie dennoch dazu beitragen, dass diakonisches Arbeiten vor Ort möglich wird, z.B. indem sie ihre Räumlichkeiten als Beratungsaußenstelle diakonischer Träger oder als Treffpunkt für werdende Eltern zur Verfügung stellt.

4.2.3 Missionarisches Profil: Dialogisch leben

Der Begriff »Mission« ist aufgrund von Fehlentwicklungen in der Geschichte teilweise negativ vorbelastet. Missionspraktiken, die im Bunde mit Eroberungsfeldzügen oder Imperialismus angewandt wurden, haben das negative Image von Mission geprägt. Das Überlegenheitsgefühl des »Westens« und die Abwertung anderer Kulturen haben dazu beigetragen, dass die Verbreitung des christlichen Glaubens oftmals mit Gewalt, Arroganz und Zwang erfolgte.

Die Lehre daraus muss sein, dass Mission sich niemals unredlicher Mittel bedienen darf. Mission – d h. der Auftrag, die christliche Botschaft weiterzutragen und zu teilen – ist vielmehr in einen ehrlichen und offenen Dialog einzubetten. Die Freiheit der Dialogpartner*innen muss jederzeit gewährleistet sein. Ein Machtgefälle darf niemals ausgenutzt werden. Hintergedanken und Erfolgsdenken sind abzulehnen. Theologisch gesehen, ist es die Aufgabe der Christen, Zeug*innen des christlichen Glaubens und Lebens zu sein, aber nicht andere mit ausgeklügelten Methoden zu bekehren. Den Glauben in Menschen zu wecken ist für Menschen unmöglich; das ist Gottes Entscheidung.

Dialog und Begegnung müssen daher aus christlicher Sicht stets auf Augenhöhe geschehen. Überlegenheitsdenken und unredliche Methoden sind leider, z.B. in manchen evangelikalen Kreisen, immer noch anzutreffen. Selbst in unserer Zeit entstandene und sich aller moderner technischer Instrumente bedienende Bewegungen wie die »Willow Creek-Bewegung« spiegeln in ihrem Selbstverständnis teilweise eine erschreckende Arroganz und Überheblichkeit.[29] Sie haben oft ein unreflektiertes oder statisches Verständnis von »Wahrheit«, »Moral« und »Offenbarung«, gehen mit der Bibel nicht theologisch-wissenschaftlich um und scheuen sich nicht, Freundschafts- und Vertrauensaufbau als Methoden für Missionszwecke zu instrumentalisieren: »Erst gemeinsam grillen«, dann »geistliche Dinge ansprechen«, lautet ihre offen ausgesprochene Methode.[30]

Christliche Mission hingegen, die verantwortungsvoll und menschenfreundlich mit dem ihr anvertrauten Glaubensgut umgeht, betrachtet den anderen nicht als defizitären, sondern gleichberechtigten und vollwertigen Gesprächspartner. Selbstkritisch und seiner eigenen Grenzen bewusst, schätzt und respektiert ein Christ im Dialog die Sichtweise des anderen, aus der er möglicherweise selbst lernen kann. Daraus folgt eine natürliche Skepsis gegenüber Menschen, die sich auf persönliche »Bekehrungserlebnisse« berufen, denn aus diesen folgt oft ein überheblicher Konvertiteneifer, der absolutistisch auftritt und nicht zuletzt peinlich wirkt. Es darf demnach nicht um clevere Überzeugungskünste gehen, sondern darum, dass ich meine christliche Perspektive in den Dialog einbringe. Als Christ vertraue ich darauf, dass der andere sich diese in aller Freiheit zu eigen macht, wenn sie sich in seinem Leben als fruchtbar, bereichernd und wahr erschließen sollte. Ich lebe außerdem mein Leben nach bestem Gewissen glaubwürdig und bewusst vor und lade andere zum christlichen Leben ein. Damit ist mein Missionsauftrag erfüllt.

Heute erfolgt »Mission« für die meisten Gemeinden nicht in fernen Ländern, wie es uns das klassische Bild vom »Missionar« vorgibt, sondern vor der Haustür. In vielen Städten und auch auf dem Land leben »Suchende«, Menschen, die ihr Leben letztlich nicht als erfüllt empfinden, und zwar vielleicht auch deshalb, weil sie keinen letzten Halt in ihrem Leben sehen. Möglicherweise haben sie vom christlichen Glauben nie anders gehört als durch die tendenziöse Brille eines einseitigen Journalismus, nie aber von der Quelle, der Gemeinde selbst. Andere sind entwurzelt und möchten sich neu orientieren. Für diese Menschen kann eine missionarische Gemeinde ein Angebot machen.

Eine Gemeinde mit missionarischem Profil beachtet dabei die oben skizzierten Grundsätze. Effektivitäts- und Quantifizierungsdenken ist hinderlich. Einladungen sind offen und zwanglos. Freiheit bestimmt das Miteinander. Gewissensfreiheit wird respektiert. Der Gast bestimmt seine Bedürfnisse, nicht die Gemeinde. Es wäre ein schwaches Vertrauen auf die Attraktivität der christlichen Botschaft, wenn die Gemeinde meinen würde, sie müsste dem Glauben mit durchdachten Tricks nachhelfen. Sie bietet an und präsentiert, was sie Gutes hat. Fassaden sind leicht durchschaubar und kurzlebig. Menschen, die ihren Glauben glaubwürdig leben, sind missionarisch sicher sympathischer als raffinierte Missionsstrategien. Beachtet die Gemeinde diese Grundsätze, so kann sie auch gerne nach draußen auf die Straße, in die Fußgängerzonen und auf sonstige öffentliche Plätze gehen und mit Musik, Infoständen, Flyern und Gesprächsangeboten für ihre Sache einstehen und werben. Sie lädt zu Glaubenskursen ein, die sich dadurch auszeichnen, dass sie Menschen eine gute Grundlage liefern, um sich selbst ein freies Urteil zu bilden, und dass sie Impulse zu einem christlichen Leben geben.

Ein missionarisches Profil legt sich demnach für Gemeinden nahe, die in einem weitgehend unchristlichen oder entchristlichten Umfeld leben. Diese Gemeinde lädt nicht primär in ihre eigenen Räumlichkeiten, z.b. das Gemeindehaus ein, denn das wird bei Kirchenfernen wenig Resonanz finden. Vielmehr sucht sie Menschen draußen auf und lädt zu Begegnungen auch in Lokale, Sportstätten oder ins Grüne ein.

4.2.4 Pazifistisches Profil: Für gerechten Frieden arbeiten

Das friedenspolitische Potenzial christlicher Gemeinden und Kirchen hat sich in der Geschichte z.B. bei ihrer Rolle im Rahmen der Friedensbewegung seit den 1980er-Jahren, im friedlichen Protest gegen die Berliner Mauer und in regionalen Aktionen wie z.B. regelmäßigen Friedensandachten in Erinnerung an das schreckliche und vermeidbare Unglück auf dem amerikanischen Militärflughafen von Ramstein von 1988 entfaltet.

Die Vereinten Nationen haben sich seit 1959 das aus dem Alten Testament (z.B. Micha 4,3) stammende Symbol vom Umschmieden der Schwerter zu Pflugscharen zu eigen gemacht. Damals schenkte die Sowjetunion der UNO eine entsprechende Skulptur, die seither im Garten des UNO-Hauptgebäudes in New York steht. Das Symbol fand Platz auf zahlreichen Werbeträgern der UNO und spielte auch in der Friedensbewegung der »DDR« eine Rolle.

Der friedenspolitische Aspekt der christlichen Botschaft ist die eine Seite. Die andere Seite ist, dass Frieden im Kleinen beginnt, nämlich bei mir, in der Gemeinde, in meinem Lebensraum. Daher spielt Friedenserziehung eine entscheidende Rolle, wenn die Gemeinde einen Beitrag zu einer friedlichen Zukunft leisten will. Konfliktfähigkeit, Toleranz und Versöhnungsbereitschaft gehören zu den Zielen einer Friedenserziehung. Hier kann die Gemeinde einen Schwerpunkt in ihren Angeboten der Kinder- und Jugendarbeit setzen.

Wenn sich eine Gemeinde z.B. Friedenskirchengemeinde nennt, sollte dies nicht nur ein Wort sein. Auch wenn der Entstehungshintergrund und die Namensgebung z. B mit den Ost-West-Spannungen früherer Zeiten zu tun hatten, Friedensarbeit ist immer aktuell. Kriege und Konflikte können uns schnell und unerwartet treffen. Das zeigt der Krieg, den die russische Regierung im Februar 2022 für alle überraschend in der Ukraine anfing. Die Gemeinde kann für diese Ziele und Ideen »Raum« bieten und sich für den Frieden engagieren:

- Konfliktprävention und Friedensarbeit setzen einen Gegenentwurf zu Militarisierung und Aufrüstung, was nicht nur friedenspolitisch, sondern auch klima- und umweltpolitisch von weitreichender Relevanz ist.
- Interkulturelle Verständigung spielt im Zuge der Globalisierung eine immer stärkere Rolle. Viele Gemeinden sind durch Zuzug um Menschen mit Migrationshintergrund bereichert worden. Hier ist Integrationsarbeit gefragt.
- Die Auseinandersetzung mit traumatisierten Menschen, die aus Konfliktländern zu uns geflohen sind, bietet einen sehr konkreten Anlass, Menschen Schutz zu bieten und an Politik und Gesellschaft zu appellieren.
- Die Ausarbeitung von Mediationsangeboten kann helfen, Spannungen in der Gesellschaft abzubauen.

- Kunst bietet die Möglichkeit, sich mit den Themen von Gewalt und ihren Folgen auseinanderzusetzen, und kann Erfahrungen Ausdruck verleihen, die verbal schwer einzufangen sind. Dies kann auch der Aufarbeitung erlebter Gewalt, von Heimatverlust und Trennung dienen.
- Die Teilnahme an regionalen Aktionen in Kooperation mit anderen Trägern von Friedensinitiativen gibt der Gemeinde ein klares Gesicht in der Öffentlichkeit.
- Die Vertiefung und Aktualisierung biblischer Motive, wie z.B. der Taube mit dem Ölzweig als Symbol einer neuen Zeit des Friedens, gibt der Friedensarbeit die biblische Verwurzelung.

Frieden muss immer ein gerechter Frieden sein, sonst trägt er den Keim zum nächsten Krieg in sich. Bei der Friedensarbeit darf der Frieden mit der Schöpfung nicht vergessen werden. Zu lange verstand sich der Mensch als Herrscher und Ausbeuter der Natur. In Zeiten, wo der Mensch sich gegen eine ihn bedrohende Natur behaupten musste, mag das nachvollziehbar gewesen sein. Heute aber, wo der Mensch extremes Zerstörungspotenzial entwickelt hat, sollte das Lebensrecht von allem, was lebt, anerkannt werden. Auch Tiere haben als leidensfähige Geschöpfe ein Recht auf Unversehrtheit. Da sie darüber hinaus die Fähigkeit besitzen, eigenbestimmt zu handeln, Streit und Schutzbedürfnisse kennen, Gefühle wie Lebenslust und Geborgenheit, aber auch Schmerz und Angst empfinden, hat der Mensch die Pflicht, ihre Würde zu achten. Damit kommen wir zum ökologischen Profil einer Gemeinde.

4.2.5 Ökologisches Profil: Die Schöpfung bewahren

Die biblische Schöpfungs- und Paradiesgeschichte (1. Mose 1-2) veranschaulicht die Erdverbundenheit des Menschen und seinen Auftrag, den Garten Eden zu bebauen und zu bewahren. Somit wird der Mensch wesenhaft in seinem irdischen Lebensraum verankert und ist zum verantwortungsvollen Umgang mit der Schöpfung aufgefordert.

Auch für die Profilierung als ökologisch verantwortungsvoll lebende Gemeinde gilt: Das glaubwürdige Vorbild ist entscheidend, nicht die Appelle. Das bedeutet, dass die Gemeinde sich ihr ökologisches Profil dadurch erarbeitet, dass sie selbst in allen Bereichen ökologisch verantwortungsbewusst lebt. Das darf man nicht dem Zufall überlassen, sondern muss zum systematischen Bestandteil allen Handelns werden. Und natürlich gilt auch bei diesem Profilbild: *Jede* Gemeinde muss ökologisch verantwortungsbewusst leben; aber eine Gemeinde, die dies zu ihrem Schwerpunkt macht, tut dies nicht nur besonders intensiv, systematisch und konsequent, sondern sie wagt auch Innovationen und Vorreiterrollen, erprobt Neues, betreibt ihrerseits Aufklärung, um auch andere Gemeinden dazu zu motivieren, auf diesem Gebiet immer besser zu werden.

Zur systematischen Verankerung eines ökologischen Profils gehört die Bestellung eines Energiebeauftragten. Dieser kontrolliert die Energieverbräuche in den Gebäuden der Gemeinde und gibt Impulse zur Verbesserung, z.B. wenn es um umweltverträglichere Energieträger geht.

Eine Gemeinde verbraucht Material, z.B. in ihrem Büro und in der Gemeindearbeit. Dabei sollte man sich eines Katalogs von Beschaffungsrichtlinien bedienen, die aufzeigen, wo man welche

Materialien die ökologisch verantwortungsbewusst hergestellt worden sind, erhält.

Fördertöpfe, die z.B. die Ersetzung alter Elektrogeräte durch energieeffiziente Neugeräte unterstützen, sollten konsequent genutzt werden. Das entlastet mittelfristig auch den Haushalt.

Beim Bauen und Renovieren achtet die Gemeinde auf Umweltverträglichkeit in der Auswahl der Baumaterialien, das gilt auch für deren spätere Entsorgung.

Die Gemeinde als Teil der weltweiten Christenheit trägt Mitverantwortung für das globale Wohlergehen der Schöpfung und der Geschöpfe. Das schwächste Glied des (werdenden) Lebens darf das höchste Schutzrecht in Anspruch nehmen. Das leidende Geschöpf verdient besonderes Augenmerk; das gilt für Menschen, Tiere und Pflanzen. Die Unterscheidung von höherwertigem und minderwertigem Leben ist gefährlich. Ziel muss das Verstehen und die Achtung von Leben im Allgemeinen sein.[31] Wie so oft, beginnt der Lernprozess auch hier schon in der Kindheit. Als Religionslehrer in der Schule habe ich erlebt, wie fürsorglich und hochinteressiert sich Viertklässler bei der Aufzucht von Küken erweisen. Es gilt, diese Fähigkeit und Bereitschaft von Menschen, Schutz zu bieten, zu fördern.

Die Unterstützung von fairem und ökologisch verantwortungsvollem Handel von Produkten sollte die Gemeinde beim Einkauf beachten. Hierzu kann man auch entsprechende Geschäfte vor Ort besonders berücksichtigen. Produkte, die mit einem seriösen Umweltsiegel ausgezeichnet sind, sollten stets erste Wahl sein. Wenn die Gemeinde Druckerzeugnisse publiziert, z.B. einen Gemeindebrief, sollte dies auf Papier geschehen, das aus nachhaltigem Waldanbau stammt und per Siegel (Blauer Engel) dafür ausgezeichnet ist.

Gemeindebasare oder vielleicht sogar ein eigener Eine-Welt-Laden, der auch in Kooperation betrieben werden kann, bieten ökologisch verantwortete und sozial faire Produkte an. Die Gemeinde schärft damit das Verbraucherbewusstsein und fördert verantwortungsvollen Konsum, der die Schöpfung schont.

Wo immer die Gemeinde eine Möglichkeit hat, kann sie im Kleinen anschauliche Beispiele für ein ökologisch verantwortungsvolles Leben setzen: Hat sie einen Garten, kann sie diesen als biblischen oder als ökologisch wertvollen Garten gestalten; besitzt sie eine Wiese mit Obstbäumen, kann sie selbst erzeugten Gelee aus den Früchten anbieten; sie kann Mitarbeitende dazu animieren, wo es möglich ist, mit dem Fahrrad oder öffentlichen Verkehrsmitteln statt mit dem Auto anzufahren. Sternfahrten mit dem Fahrrad in Kooperation mit anderen Gemeinden können öffentlich auf ein Umdenken hinsichtlich unseres Mobilitätsverhaltens hinwirken. Übrigens lässt sich das ökologische Profil vielfach mit dem pazifistischen Profil verbinden. Neulich fuhr eine Dame vor mir auf dem Fahrrad, auf dessen Schutzblech mir ein Aufkleber mit den Worten ins Auge stach: »Mein Fahrrad finanziert keine Kriege.«

Am ersten Freitag im September gibt es seit 2010 einen von der »Arbeitsgemeinschaft Christlicher Kirchen in Deutschland« (ACK) getragenen Tag der Schöpfung. Diesen bewusst zu begehen, z.B. mit einer Ausstellung zu einem Naturthema (Bienen, Regenwald usw.) und einem Gottesdienst, setzt nicht nur ein Zeichen für die Schöpfung, sondern auch für die Ökumene.

Wie z.B. bei der Herausarbeitung eines pazifistischen Profils ist die Gemeinde auch bei der Profilierung als ökologische Gemeinde nicht auf sich allein gestellt. Es gibt Arbeitsstellen und Dienste z.B. der Landeskirchen, die nicht nur Informationen und Bildungsmaterial zur Verfügung stellen, sondern auch konkrete Beratung durch erfahrende Fachleute bei der Umsetzung von Projekten direkt vor Ort anbieten.

Ein Wort zum Schluss:
Ist das überhaupt machbar?

In diesem Buch wurden Ratschläge und Tipps gegeben, um die christliche Gemeinde durch eine angemessene Gemeindekultur attraktiver zu machen und schließlich ein eigenes Gemeindeprofil zu entwickeln. Wir können damit auch der Akzeptanz- und Relevanzkrise entgegenwirken, der sich die Kirche heute ausgesetzt sieht. Doch letztlich erhebt sich die Frage: Sind all diese Dinge überhaupt umsetzbar?

Nun, vieles davon ist sogar kurzfristig und mit wenig Aufwand umsetzbar, z.b. Neuzugezogene auf attraktive Weise zu begrüßen. Anderes dagegen braucht Zeit und Einübung, z.b. eine Gremienkultur, die Freude macht, wie alle Vorhaben, die die ausgetretenen Pfade verlassen wollen. Und schließlich gibt es auch Ideen, die in einer Gemeinde zumindest vorerst nicht realisierbar sind, z.B. weil noch die Mittel fehlen, etwa für die Umgestaltung der überholten Gemeinderäume in schöne Orte der Begegnung. Sie dürfen aber als Vision lebendig bleiben und regelmäßig ins Bewusstsein gebracht werden. Nur dann besteht die Hoffnung, dass sie irgendwann Wirklichkeit werden.

Alles hängt letztlich von den Gemeindeleitungen, den Mitarbeitenden, den Freiwilligen und den Gemeindemitgliedern insgesamt ab. Sie tragen alle Verantwortung, denn sie sind alle miteinander die Träger der Gemeindekultur. Manches kann man allein machen. Aber für die meisten Vorhaben müssen andere mitziehen, sonst geht es nicht. Nach rund 20 Jahren als Gemeindepfarrer weiß ich sehr gut, dass es oft vergebliche Liebesmühe zu sein scheint, Menschen aus ihren kaum hinterfragten Gewohnheiten herauszuholen oder sie für ein längerfristiges Projekt zu motivieren. Manchmal bedarf es eines Personal- oder sogar Generationenwechsels, damit sich überhaupt etwas bewegt. Manches wird ein Ideal bleiben, dem sich allerdings nachzueifern lohnt. Ich weiß aber auch, dass selbst kleine Fortschritte besser sind als keine, und habe es immer wieder erlebt, dass Menschen etwas auf die Beine stellten aus der Überzeugung heraus, dass es ihre Gemeinde attraktiver macht. Aus manchem Senfkorn wurde eine ansehnliche Pflanze.

Entscheidend ist, Chancen zu nutzen und den passenden Zeitpunkt nicht tatenlos verstreichen zu lassen, das richtige »Jetzt!« zu finden. Auch der längste Weg beginnt bekanntlich mit dem ersten Schritt. Lassen Sie sich jeden Tag von einem winzigen Gedanken, einer Idee, und sei sie noch so klitzeklein, mit der Sie Ihre Gemeinde ein wenig mehr zum Leuchten bringen können, inspirieren und setzen Sie sie bei der nächsten Gelegenheit in die Tat um.

Geht es uns dabei nur darum, Menschen zu gefallen? Die Frage ist falsch gestellt. Denn die gute Botschaft Gottes weckt in all unseren Lebensäußerungen Freude in den Menschen, tröstet sie und eröffnet ihnen hoffnungsvolle Perspektiven. Den Grundstein der Gemeinde hat Gott selbst gelegt und das Gedeihen liegt in seiner Hand. Was wir tun, tun wir aus Dank und Freude!

Literatur

Martin Affolderbach: Die andere Globalisierung, in: Gemeindekultur-pädagogik, hg. v. Gotthard Fermor, Günter Ruddat, Harald Schroeter-Wittke, Rheinbach 2001, S. 321-341.

Barbara Berckhan: Keine Angst vor Kritik. So reagieren Sie souverän, 2. Auflage, München 2003.

Karl-Fritz Daiber: Alltagssynkretismus und dogmatische Tradition – Zur religiösen Kultur unserer Gesellschaft und einigen Defiziten protestantischen Glaubens. In: Ders.: Religion in Kultur und Gesellschaft. Theologische und soziologische Studien zur Präsenz von Religion in der gegenwärtigen Kultur, Stuttgart 1997, S. 155-176.

Folkert Fendler (Hg.): Qualität im Gottesdienst. Was stimmen muss. Was wesentlich ist. Was begeistern kann, hg. im Auftrag der Liturgischen Konferenz, Gütersloh 2015.

Folkert Fendler (Hg.): Gewissheit, Gemeinschaft, Geheimnis. Qualitäten des Gottesdienstes, hg. im Auftrag des Zentrums für Qualitätsentwicklung im Gottesdienst, Leipzig 2016.

Folkert Fendler, Christian Binder, Hilmar Gattwinkel (Hg.): Handbuch Gottesdienstqualität, hg. im Auftrag des Zentrums für Qualitätsentwicklung im Gottesdienst, Leipzig 2017.

Gotthard Fermor, Günter Ruddat, Harald Schroeter-Wittke (Hg.): Gemeindekulturpädagogik, Rheinbach 2001.

Arnd Götzelmann: Gemeindediakonie – Chance für ein lebendiges Gemeindeprofil, in: Pfälzisches Pfarrerblatt Nr. 94 (2004), S. 399-409.

Erich Gräßer (Hg.): Albert Schweitzer. Ehrfurcht vor den Tieren, München 2006.

Alexander Maria Hohenwohl: Körpersprache. Das Grundlagenbuch, e-publi-Verlag 2020.

Bill Hybels, Mark Mittelberg: Bekehre nicht – Lebe. So wird Ihr Christstein ansteckend, 6. Auflage, Asslar 2001.

Walt Kallestad, Steve Schey, Jens-Arne Buttkereit: Kirche mit Qualität. Aus Liebe zu Gott und den Menschen, Minneapolis 1994, deutsch Asslar 1999.

Kirchenamt im Auftrag des Rates der EKD (Hg.): Menschengerechte Stadt, 1984, in: Die Denkschriften der Evangelischen Kirche in Deutschland. Soziale Ordnung. Wirtschaft. Staat, Bd. 2/3, Gütersloh 1992, S. 267-442.

Christian Möller: Kirche mit allen Sinnen. Plädoyer für eine Gemeinde mit Herzen, Mund und Händen, Neukirchen-Vluyn 2015.

Uta Pohl-Patalong: Von der Ortskirche zu kirchlichen Orten. Ein Zukunftsmodell, 2., überarbeitete und erweiterte Auflage, Göttingen 2006.

Uta Pohl-Patalong: Kirche gestalten. Wie die Zukunft gelingen kann, Gütersloh 2021.

Johannes Reimer: Hereinspaziert. Willkommenskultur und Evangelisation, Schwarzenfeld 2013.

Walter Saft: Glaube und Leben. Texte aus evangelischen Sonntagsblättern, Speyer 2011.

Steffen Schramm, Lothar Hoffmann: Gemeinde geht weiter. Theorie- und Praxisimpulse für kirchliche Leitungskräfte, Stuttgart 2017.

Jutta Siemann: Gemeinde als Element der Stadtkultur, in: Gemeindekulturpädagogik, hg. v. Gotthard Fermor, Günter Ruddat, Harald Schroeter-Wittke, Rheinbach 2001, S. 310-324.

Anmerkungen

1 Kultur allgemein kann man als »die öffentlich gestaltete Gesamtlebenspraxis« verstehen, so Karl-Fritz Daiber: Alltagssynkretismus und dogmatische Tradition – zur religiösen Kultur unserer Gesellschaft und einigen Defiziten protestantischen Glaubens. In: Ders.: Religion in Kultur und Gesellschaft. Theologische und soziologische Studien zur Präsenz von Religion in der gegenwärtigen Kultur, Stuttgart 1997, S. 155.

2 Zur Diskussion um Vor- und Nachteile parochialer und nichtparochialer Strukturen vgl. Uta Pohl-Patalong: Von der Ortskirche zu kirchlichen Orten. Ein Zukunftsmodell, 2., überarbeitete und erweiterte Auflage, Göttingen 2006, S. 75-128. Dass die beiden Strukturoptionen sich nicht einander ausschließen müssen, sondern sie sich mit ihren jeweiligen Stärken verbinden können, zeigt Pohl-Patalong beispielhaft am Modell »kirchlicher Orte« in: Dies.: Kirche gestalten. Wie die Zukunft gelingen kann, Gütersloh 2021, S. 145-149.

3 Alle Bibelzitate sind aus der revidierten Lutherübersetzung von 2017, hg. von der Evangelischen Kirche in Deutschland. Deutsche Bibelgesellschaft.

4 Oscar Wilde: Lady Windermeres Fächer, 3. Akt, Lord Barlington, uraufgeführt 1892.

5 Martin Luther im »Sermon von den guten Werken« (1520): Martin Luther. Ausgewählte Schriften, hg. v. Karin Bornkamm, Gerhard Ebeling, Bd. 1, Frankfurt a. M. 1982, S. 44.

6 Es gibt dazu Literatur, z.B. Barbara Berckhan: Keine Angst vor Kritik. So reagieren Sie souverän, 2. Auflage, München 2003.

7 Anders ausgedrückt: Der »Glaube hat sich eine eigene Sprache geschaffen«! Walter Saft: Glaube und Leben. Texte aus evangelischen Sonntagsblättern, Speyer 2011, S. 47.

8 Vgl. z.B. Bill Hybels, Mark Mittelberg: Bekehre nicht. Lebe. So wird Ihr Christstein ansteckend, 6. Auflage, Asslar 2001, S. 160.

9 Walt Kallestad, Steve Schey, Jens-Arne Buttkereit: Kirche mit Qualität. Aus Liebe zu Gott und den Menschen, Minneapolis 1994, deutsche Ausgabe Asslar 1999, S. 29. Die Autoren machten die Erfahrung: »Viele Elemente des *Total Quality Managements* konnten wir nahezu unverändert aus der Geschäftswelt übernehmen – bei der Formulierung des Leitbildes aber stellten

wir einen großen Unterschied fest.« Hier ging es um die Reorganisation der lutherischen *Community Church of Joy* in Arizona/USA auf der Grundlage eines dem Wirtschaftsleben entnommenen Qualitätsmodells, durchaus mit Abstrichen und Einschränkungen. Wem dieses Modell zu nah am Denken der Marktwirtschaft ist, kann dennoch hilfreiche Elemente übernehmen, z.B. die Analyse von Mängeln, die die (Gemeinde-)Arbeit behindern, das Herausfinden von Wünschen von Gemeindemitgliedern oder die stetige Weiterbildung von Mitarbeitenden – Elemente, die auch in einer Gemeinde sinnvoll sind, um qualitativ gute Arbeit zu fördern.

10 So in evangelikalen Kreisen, z.b. Johannes Reimer: Hereinspaziert. Willkommenskultur und Evangelisation, Schwarzenfeld 2013, S. 16. Evangelikale gebrauchen diese Begriffe also unreflektiert sogar im Kontext akademischer Untersuchungen.

11 So Bill Hybels, Mark Mittelberg: Bekehre nicht. Lebe. So wird Ihr Christstein ansteckend, 6. Auflage, Asslar 2001, S. 50. Hybels ist Gründer und Leiter der evangelikalen Willow Creek-Gemeinde in Chicago/USA. Er fordert in seinem erfolgreichen Buch dazu auf, damit »etwas Würze in das Dasein Ihrer Mitmenschen« zu streuen (ebd.). Der Zynismus, den er damit an den Tag legt, scheint ihm nicht klar zu sein.

12 So z.B. in einem von evangelikaler Seite in der »Werkstatt für Gemeindeaufbau« (www.leiterschaft.de) angebotenen Analysebogen zum Gemeindeprofil. Die Redeweise bedient sich des biblisch-urtümlichen Negativbildes vom Wolf. Legitimieren lässt sie sich damit noch lange nicht. Ihre Anwendung auf Menschen ist inhuman.

13 Vgl. Alexander Maria Hohenwohl: Körpersprache. Das Grundlagenbuch, e-publi Verlag 2020, S. 5. Neben diesem gibt es etliche weitere, mehr oder weniger wissenschaftlich fundierte Handbücher zur Körpersprache.

14 Antoine de Saint-Exupéry: Die Stadt in der Wüste (Citadelle), Frankfurt a. M./ Berlin 1988, S. 182.

15 Eine konzentrierte Erklärung des Zusammenhangs von Gemeinde und Diakonie bietet Arnd Götzelmann: Gemeindediakonie – Chance für ein lebendiges Gemeindeprofil, in: Pfälzisches Pfarrerblatt. Organ des Vereins Pfälzischer Pfarrerinnen und Pfarrer, 94 (2004), S. 399-409 mit weiteren Literaturangaben.

16 Martin Luther in seiner Schrift »An den christlichen Adel deutscher Nation von des christlichen Standes Besserung«, in: Martin Luther. Ausgewählte Schriften, hg. v. Karin Bornkamm, Gerhard Ebeling, Bd. 1, Frankfurt a. M. 1982, S. 208.

17 Zur Qualität im Gottesdienst und ihren verschiedenen Dimensionen sind hilfreiche Bücher erschienen (vgl. im Literaturverzeichnis die Arbeiten, an denen Folkert Fendler als Autor oder Herausgeber beteiligt war). Zum Hintergrund des Qualitätsbegriffs und den verschiedenen Dimensionen (Konzeptqualität, Strukturqualität, Prozessqualität, Ergebnisqualität), die im Gottesdienst zum Tragen kommen, vgl. Folkert Fendler: Gewissheit, Gemeinschaft, Geheimnis, S. 14-16, die in seinem Buch genauer ausgeführt werden.

18 Über die relativ junge Fragestellung der Gottesdienstqualität in ihren verschiedenen Dimensionen geben die im Literaturverzeichnis genannten Werke »Qualität im Gottesdienst. Was stimmen muss. Was wesentlich ist. Was begeistern kann« (2015), »Gewissheit, Gemeinschaft, Geheimnis. Qualitäten des Gottesdienstes« (2016) und »Handbuch Gottesdienstqualität« (2017) Überblicke.

19 Erzählen mit allen Sinnen. Ein Kreativbuch mit über 60 Methoden und biblischen Erzählbeispielen für Kirchengemeinden, Kindertagesstätten und Schulen, hg. im Auftrag des Rheinischen Verbands für Kindergottesdienst, 5. Auflage, Leinfelden-Echterdingen 2014.

20 Christian Möller: Kirche mit allen Sinnen. Plädoyer für eine Gemeinde mit Herzen, Mund und Händen, Neukirchen-Vluyn 2015.

21 Vgl. z.B. Klaus Bernd Vollmar: Das große Buch der Farben, 2. Auflage, Krummwisch 2019.

22 Die Bedeutung kirchlicher Gebäude habe ich in 20 Thesen näher ausgeführt, in: Harry Albrecht: Neue Wertschätzung kirchlicher Gebäude, in: Pfälzisches Pfarrerblatt. Organ des Vereins Pfälzischer Pfarrerinnen und Pfarrer, 111 (2021), S. 363-370.

23 Vgl. auch Folkert Fendler, Christian Binder, Hilmar Gattwinkel (Hg.): Handbuch Gottesdienstqualität, hg. im Auftrag des Zentrums für Qualitätsentwicklung im Gottesdienst, Leipzig 2017, S. 283.

24 Beispiele kultureller Interaktionen zwischen Kirche und Stadt beschreibt Jutta Siemann: Gemeinde als Element der Stadtkultur, in: Gemeindekulturpädagogik, hg. v. Gotthard Fermor, Günter Ruddat, Harald Schroeter-Wittke, Rheinbach 2001, S. 310-324.

25 Generell sollte man prüfen, wo eine Vernetzung Vorteile gegenüber der herkömmlichen »Versäulung« der Gemeinden bringt. Vgl. dazu Steffen Schramm, Lothar Hoffmann: Gemeinde geht weiter. Theorie- und Praxisimpulse für kirchliche Leitungskräfte, Stuttgart 2017, S. 33-42.

26 Die Denkschrift der EKD »Menschengerechte Stadt« stellte schon 1984 fest: »Die Bedeutung der Kirche für die Stadt ergibt sich nicht erst aus dem, was sie in gezielten Aktivitäten für die Stadt tut, sondern in ihrer grundsätzlichen Weise aus ihrem Sein als Kirche. Kirche ist Kirche unter der Perspektive Jesu. In der Erinnerung an Jesu Verkündigung des menschlichen Gottes kann die Kirche zu einer menschlichen, lebensfördernden Institution werden, kann die christliche Gemeinde exemplarische Grundformen menschlichen Miteinanders entwickeln.« Menschengerechte Stadt, hg. v. Kirchenamt im Auftrag des Rates der EKD, 1984, in: Die Denkschriften der Evangelischen Kirche in Deutschland. Soziale Ordnung. Wirtschaft. Staat, Bd. 2/3, Gütersloh 1992, S. 388.

27 Die Aktualität und Dringlichkeit eines solchen Profils haben sich seit der zunehmenden weltweiten Migration und Globalisierung noch einmal verschärft. Martin Affolderbach skizzierte die für die Kirche bestehenden Herausforderungen und Chancen bereits zur Jahrtausendwende; vgl. Martin Affolderbach: Die andere Globalisierung, in: Gemeindekulturpädagogik, hg. v. Gotthard Fermor, Günter Ruddat, Harald Schroeter-Wittke, Rheinbach 2001, S. 321-341.

28 Vgl. den systematischen Überblick von Arnd Götzelmann: Gemeindediakonie – Chance für ein lebendiges Gemeindeprofil, in: Pfälzisches Pfarrerblatt 94 (2004) S. 399-409.

29 Vgl. z.B. Bill Hybels, Mark Mittelberg, Bekehre nicht – Lebe, S. 117: »Es ist von entscheidender Bedeutung, dass wir in moralischen und geistlichen Fragen der Tonangebende bleiben.«

30 Vgl. z.B. Hybels/Mittelberg, Bekehre nicht – Lebe, S. 111-113.

31 Vgl. Erich Gräßer (Hg.): Albert Schweitzer. Ehrfurcht vor den Tieren, München 2006, S. 27-29, wo auf die problematische ethische Unterscheidung zwischen höherwertigem und minderwertigem Leben hingewiesen wird, die allzu schnell zu Vernichtung von Leben führen kann. Grundsätzlich ist daher menschliches, tierisches und pflanzliches Leben als Teil der Schöpfung zu achten und zu erhalten. Menschliches Leben muss so gestaltet werden, dass es die Schöpfung und das zu ihr gehörige Leben nicht ohne Notwendigkeit belastet.

Penguin Random House Verlagsgruppe FSC® N001967

1. Auflage
Copyright © 2023 Gütersloher Verlagshaus, Gütersloh,
in der Penguin Random House Verlagsgruppe GmbH,
Neumarkter Str. 28, 81673 München

Umschlagmotiv: © newannyart – iStockphoto.com
Druck und Bindung: GGP Media GmbH, Pößneck
Printed in Germany
ISBN 978-3-579-06541-0
www.gtvh.de